실크 아미노산의 비밀

윤철경 지음

모아북스
MOABOOKS

실크 아미노산의 비밀

초판 1쇄 인쇄 2004년 04월 18일
53쇄 발행 2018년 03월 25일

지은이 윤철경
발행인 이용길
발행처 MOABOOKS 모아북스

관리 양성인
디자인 이룸

출판등록번호 제 10-1857호
등록일자 1999. 11. 15
등록된 곳 경기도 고양시 일산동구 호수로(백석동) 358-25 동문타워 2차 519호
대표 전화 0505-627-9784
팩스 031-902-5236
홈페이지 www.moabooks.com
이메일 moabooks@hanmail.net
ISBN 89-90539-12-9 03570

성인병을 예방 치유하는 천연 복합 물질

실크 아미노산의 비밀

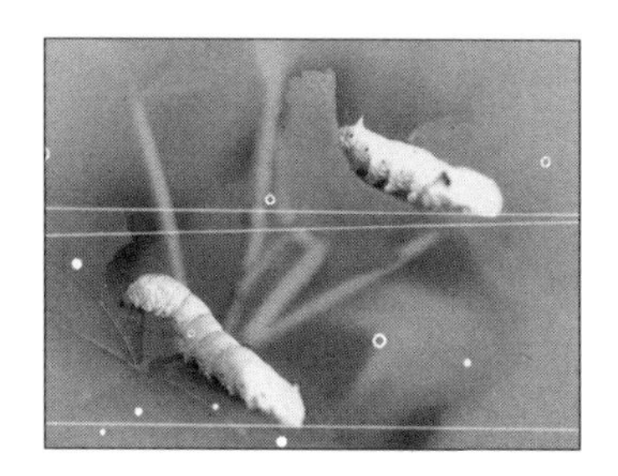

윤철경 지음

모아북스
MOABOOKS

차례 Contents

제2 장_ 실크 아미노산이란?

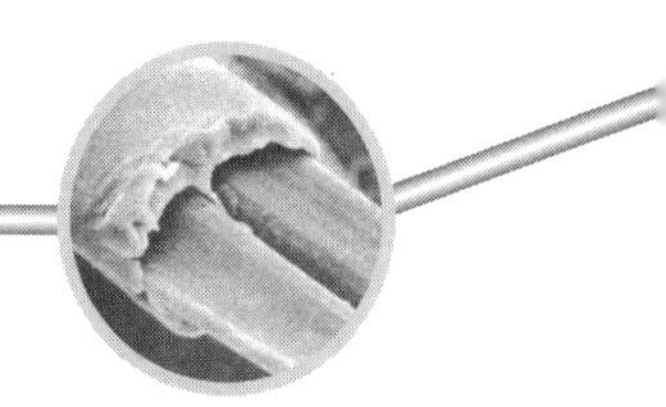

차례 Contents

제3 장_ 성인병을 다스리는 실크 아미노산의 효능

제4 장_ 실크 아미노산을 먹고 건강 되찾은 체험사례

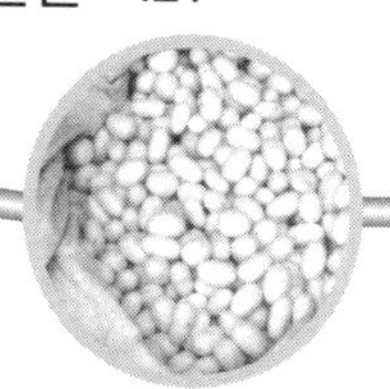

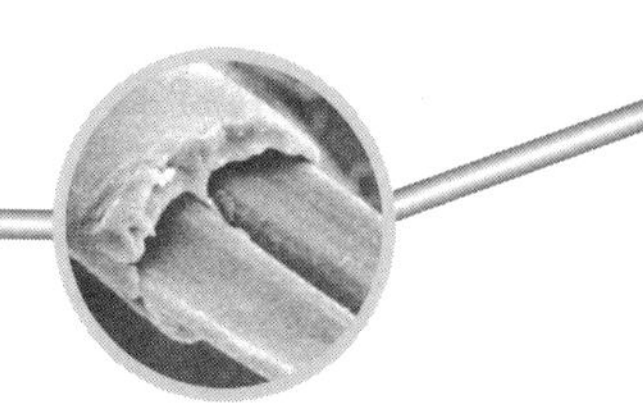

머리말

현대인의 행복의 필수 조건은 건강과 돈이라 할 수 있다. 그러나 돈은 자신의 노력에 의해서 얻을 수 있지만, 건강은 건강할 때 지키지 않으면 아무리 많은 돈이 있어도 행복을 얻기 어렵다.

그래서 건강을 지키기 위한 노력으로는 바른 식생활과 운동을 통해서만 가능하다. 하지만 현대인들이 건강을 지키기 위해 규칙적인 운동과 바른 식생활을 지켜 나간다는 것은 시간과 노력이 많이 요구되므로 쉽지가 않다. 그래서 이 책은 건강을 지키기 위한 바른 식생활의 필수식품으로 일반인들에게 조금은 생소하게 느껴지는 실크 아미노산이라는 식품에 대해 이해를 돕기 위해 쉽게 풀이해 놓았다. 과거의 실크라 하면 뽕나무 잎만 먹고 자란 누에의 정수를 뽑아 만든 것으로서, 단지 비단 옷감이란 생각이 지배적이었지 먹을 수 있다는 사실은 상상하지 못했다.

사실 실크는 우리 인체에 세포를 활성화시키는 필수 아미노산을 함유하고 있어 우리 인간의 생명과 건강을 유지시켜 주는 중요한 물질이라는 것을 미처 알지 못했던 것이다.

그러한 측면에서 이 책은 건강 때문에 고통스러웠던 사람이나 건강에 자신이 없는 사람, 그리고 건강을 지키고 싶은 사람에게 커다란 희망을 안겨줄 것이다. 그만큼 실크의 효용은 많은 과학적인 실험을 거쳐, 그 효능이 입증되었을 뿐만 아니라 실제로 많은 사람들에게 새로운 삶을 선물하고 있기 때문이다.

아무쪼록 오늘날 건강을 지키기 위해 싸우는 많은 사람들이 이 책을 읽고, 건강에 대한 새로운 희망을 함께 나누어 자신들의 새로운 삶을 이루어나가길 간절히 바라는 마음이다.

2004년 4월 13일

저자 윤철경

제1장

건강은 건강할 때 지켜야 한다

1. 현대인의 사망, 어디에서 오는가?
2. 질병을 예방하고 식습관을 바꾸는 방법은 과연 있는가?
3. 왜 아미노산인가?

지난 8년 전(96년) 우리나라는 이른바 '잘 사는 나라 모임' 이라는 OECD(경제 협력 개발기구)에 가입했다.

이 선진국 클럽에서 우리나라가 불명예스럽게 1위를 한 것이 3가지가 있는데, 다름아닌 그것은 결핵 사망률 세계 1위, 간암 사망률 세계 1위, 교통사고 사망률 세계 1위라는 것이다.

우리나라 국민은 그동안 경제 일등국을 외치며 자신의 건강을 뒤로한 채 열심히 살아왔다. 그러나 최근 건강하고 행복하게 살고자 하는 웰빙(well being) 바람이 불면서 건강에 대한 관심이 높아지고 있으니 퍽 다행스러운 일이 아닐 수 없다.

그래서 건강은 현대인에게는 행복해지기 위한 필수조건인데, 이 건강 역시 지켜진다고 지켜지는 것이 아니라 건강을 지키고자 하는 상식을 제대로 알고 대처해야만 가능하다. 이렇듯 건강은 누구도 장담할 수 없기 때문에 건강은 건강할 때 지켜야 한다는 의식이 그 어느 때보다 필요한 것이다.

01 현대인의 사망은 어디서 오는가?

우리 나라의 매년 사망하는 질병의 원인을 보면 다음의 〈표 1〉과 같이 암, 뇌혈관 질환, 심장 질환, 당뇨병의 사망자 수가 월등히 많은 수를 차지한다. 자살, 교통사고를 제외한 질병으로 인한 사망률이 총 89% 이상으로 대부분을 차지하고 있기 때문에 질병 예방에 대한 상식을 제대로 안다면 현대인의 불행을 예방할 수 있다는 것이다.

〈표 1〉 한국인의 10대 사망원인

사망원인명	1992		2002		증 감	
	순 위	사망률	순 위	사망률	순 위	사망률
암(악성신생물)	1	110.7	1	130.7	20.0	35.3%
뇌혈관질환	2	80.3	2	77.2	−3.1	20.8%
심장질환	3	43.0	3	37.2	−5.8	10%
당뇨병	7	13.5	4	25.1	11.6	6.7%
만성하기도질환	8	12.9	5	22.6	9.7	6.1%
간질환	5	31.6	6	22.0	−9.6	5.9%
자살	10	9.7	7	19.13	9.4	5.1%
교통사고	4	34.4	8	19.12	−15.3	5.1%
고혈압성질환	6	27.4	9	10.6	−16.8	2.8%
호흡기 결핵	9	9.9	10	6.6	−3.3	1.8%

(서울=연합뉴스)

주) 일반 사망률=인구 1000에 대한 연간 사망자 수의 비율
그 해의 사망자수÷그 해 인구수×1000

〈표 2〉 한국인의 10대 사망률 점유율 (2002년 기준)

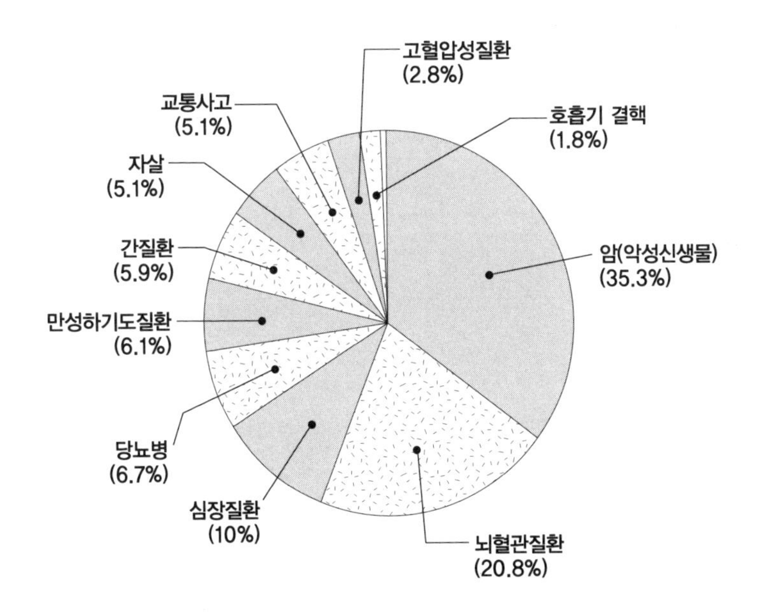

02

질병을 예방하고 식습관을 바꾸는 방법은 과연 있는가?

2004년 2월 "생활 습관병의 사회 경제적 영향"을 주제로 한 내과학회 생활습관병 심포지엄 발표 내용을 보면 현대인의 건강유지를 위한 건강 결정요인별 기여 비율은 유전요인과 외부환경 요인이 20%, 의료서비스가 8%로 생활습관 요인이 무려 52%이고, 기타가 20%로서 생활습관 요인이 가장 많은 비중을 차지하고 있어서 '맞춤식 건강 프로그램 개발'이 시급하다고 지적했다.

그래서 식이요법에 대한 관심도가 높아지고 있는데, 97년 미국의 암연구소 보고에 따르면 30~40%의 암이 음식과 비만, 운동부족이며, 30%가 금연과

관련이 있다고 한다. 이렇듯 많은 질병들이 음식과 생활습관과 밀접한 관련이 있다는 것이 증명되고 있는 추세다.

그런데 현대인의 식습관은 고지방과 고칼로리로 구성되어 있는, 가공식품의 섭취가 날로 증가하고 있는데, 이런 음식을 계속 먹을 경우 발암물질에 노출이 되고, 필수영양소의 결핍에 의한 여러 가지 문제가 발생할 수 있다.

이런 현대인들의 잘못된 음식맛 위주의 식습관으로 여러 가지 암과 성인병들의 발병률은 계속 증가 추세에 있는 것이다.

이러한 위험에서 벗어나는 길은 다양한 종류의 과일과 야채를 많이 섭취해야만 하는데, 신선한 과일과 야채에는 다양한 미네랄과 비타민, 섬유소들이 함유되어 있어 암을 예방하고 치료하는 데 도움을 준다. 또한 육류를 하루에 85g 이상 먹지 않아야 하고 동물성 지방은 최대한 제한하고 식물성 지방을 섭취해야 좋으며 남자의 경우는 술은 하루 두 잔, 여자는 한 잔 이하로 마셔야 하고 담배는 피우지 않는 것이 좋다. 또 탄 음식을 먹지 말아야 하고, 세포 활성화를 위해 일정량의 단백질 식품을 섭취해야 하는 것도 알아두어야 할 상식이며, 이렇게 식습관을 조절하고 적정한 체중을 유지하면서 꾸준히 노력해야만 여러 가지 질병으로부터 멀어질 수 있다고 전문가들은 말하고 있다.

그러나 하루 하루의 바쁜 생활과 피곤에 지친 일과로 식단에 대한 시간과 정성이 충분히 충족되지 않은 현대인으로서는 매우 복잡하고 쉽지 않은 일이다.

03 왜 아미노산인가?

우리 몸의 대부분은 물과 단백질로 되어 있다. 그래서 물과 단백질만 잘 섭취하여도 기본적인 건강을 유지할 수 있다고 한다.

〈표 3〉 우리 몸의 구성 요소

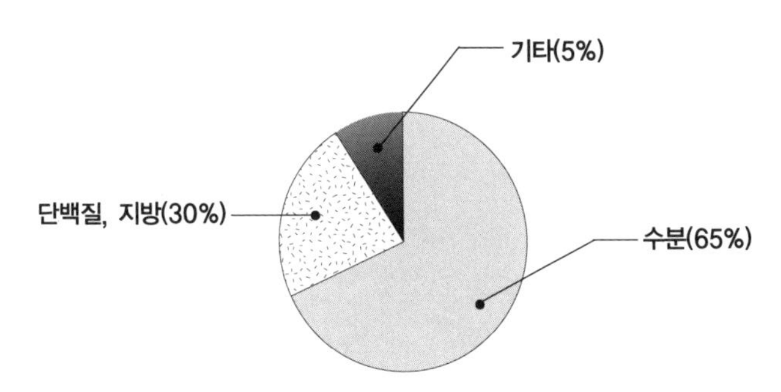

일례로 우리가 맛있게 먹는 비빔밥의 재료에는 밥, 고추장, 나물 등의 필수 재료와 참기름, 참깨 등의 부수적인 재료가 필요하듯, 고급 단백질에도 필수적인 8가지의 아미노산과 10가지의 비필수 아미노산이 조화를 이루어야 한다.

〈표 4〉 비빔밥의 구성

이처럼 양질의 단백질에는 아미노산이 필요한데, 그 많은 종류의 아미노산을 우리가 일일이 식품으로 섭취하기에는 현실적으로 불가능하다. 그래서 나온 것이 실크이다.

누에고치, 즉 실크 속에는 양질의 단백질을 만드는 필수 아미노산 8가지와 비필수 아미노산 10가지가 고루 함유되어 있기 때문에 21세기의 새로운 건강식품으로 각광을 받고 있다.

그래서 요즘 아미노산이 함유된 음료와 식품들이 발표되고 있는 이유는 아미노산이 탄수화물과 지방, 비타민 등과 결합하여 활력증진과 노화방지 등에 효과적이라는 연구 결과들이 속속 발표되고 있기 때문에 질병을 예방하는 대체 식품으로 관심을 불러일으키고 있다.

그 중에서도 아미노산이 가장 많이 풍부하게 함유되어 있는 고단백 식품이 누에고치, 즉 실크로 입증되면서 실크에 대한 관심이 그 어느 때보다 높아지고 있다.

그렇다면 육류를 많이 먹으면 아미노산을 섭취하게 되는 것인가? 그러나 육류는 모두 알다시피 성인병에 좋지 않은 부분이 있다. 그 이유로 육류는 100% 단백질로 이뤄지지 않았고, 육류에는 성인병을 일으키는 포화지방산 등과 몸에 해로운 콜레스테롤 기름 성분이 포함되어 있어 우리가 만족할 만한 양질의 필수 아미노산 18종을 섭취할 수 없다.

그렇다면 콩이나 기타 채소에 있는 아미노산을 섭취하면 되지 않을까? 그러나 콩이나 기타 채소에 있는 식물성 단백질은 육류에 비해 필수 아미노산 성분이 현저하게 결핍되어 있어 아미노산을 골고루 섭취하지 못하게 된다. 그래서 아미노산만 따로 추출한 천연 기능성 식품들이 필요한 것이다.

비타민도 효소의 도움이 있어야 우리 몸에 나쁜 활성산소를 중화하여 우리 몸에 이롭게 작용할 수 있다. 비타민 C가 활성산소를 만나면 비타민 C의 수소 2개가 활성산소에 탈취당해 활성산소는 물 2분자로, 비타민 C는 산으로 변하여 배설된다. 특히 활성산소 중에는 독성이 강한 하이드록실 라디칼이라는 물질이 있는데, 우리 몸은 스스로 이 물질을 중화하는 효소를 가지고 있지 않다.

그렇다면 이 활성산소를 어떤 물질로 제거하고, 그 독성을 막을 수 있을까. 그 해답은 실크에 있다. 실크의 '세린'이라는 아미노산이 우리 몸의 독성을 제거해 줄 수 있는 열쇠인 것이다.

그래서 비타민 C와 실크를 같이 섭취하면 비타민 C의 효능을 극대화시킬 수 있다.

〈표 5〉 아미노산의 종류와 작용

아미노산	작용
발린, 류신, 이소류신	매일 음식으로 섭취해야 하는 필수 아미노산으로 인체가 필요한 전체 아미노산의 절반을 차지한다. 근육의 원료물질, 피로극복과 활력증진, 수술 후 신체회복을 돕는다.
알라닌	신진대사를 촉매한다. 간의 해독작용을 돕는다.
아르기닌	NK(면역세포의 일종)세포활성화를 통해 면역력을 증강시킨다. 동맥을 확장시켜 혈액순환과 발기부전 치료를 돕는다. 정자생성도 촉진시킨다.
아스파라긴	중추신경계에 작용해 우울증과 들뜬 기분을 뜻하는 조증 예방 등 감정 균형을 돕는다.
시스테인, 시스틴	콜라겐 생성을 촉진해 피부 노화를 억제한다.
글루탐산	당과 지방대사를 돕는다. 신진대사의 노폐물인 암모니아를 제거한다.
글리신	글리코겐 저장을 촉진해 당뇨증상을 개선한다. 근육 합성을 돕고, 전립선 기능을 강화한다.
히스티딘	성기능을 돕고 위산분비를 촉진하여 중금속 배설을 촉진한다.

리신	성장호르몬의 원료. 골다공증을 개선하여 헤르페스 치료를 돕는다.
메티오닌	지방대사를 촉진하여 우울증을 억제하고 손톱 모발의 건강을 돕는다.
페닐알라닌	기분을 개선하고 통증을 줄여주며 카페인과 유사한 작용으로 두뇌를 자극한다. 백반 치료를 돕는다.
프롤린	연골과 인대 등 관절을 튼튼하게 돕는다.
세린	항체 생성을 도와 면역력을 높이고 피부 보습작용을 지닌다.

(자료참고 중앙일보, 2004. 3. 26)

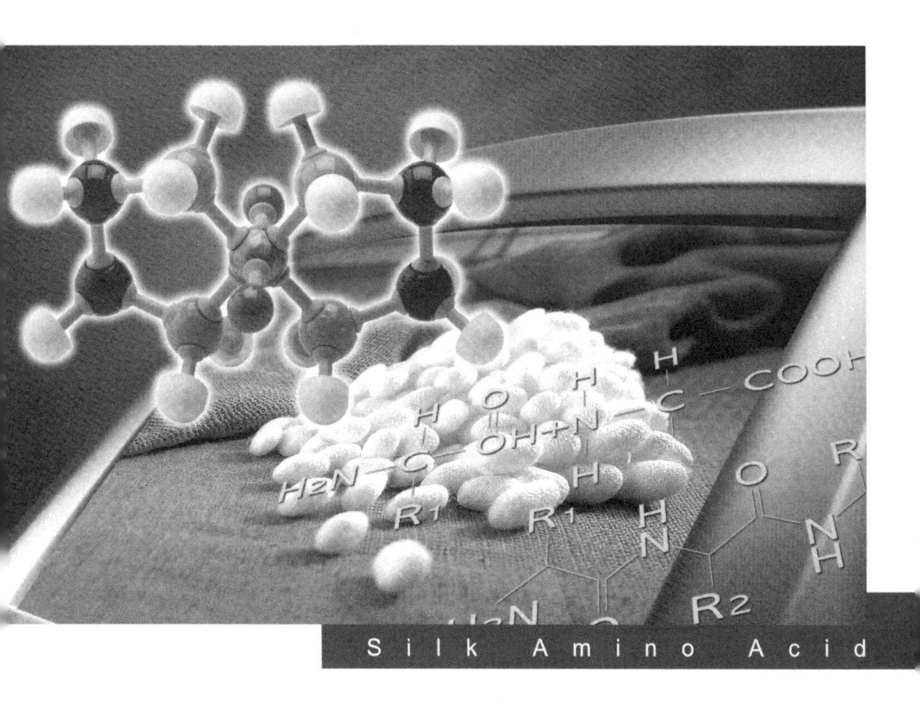

제2장

실크 아미노산이란?

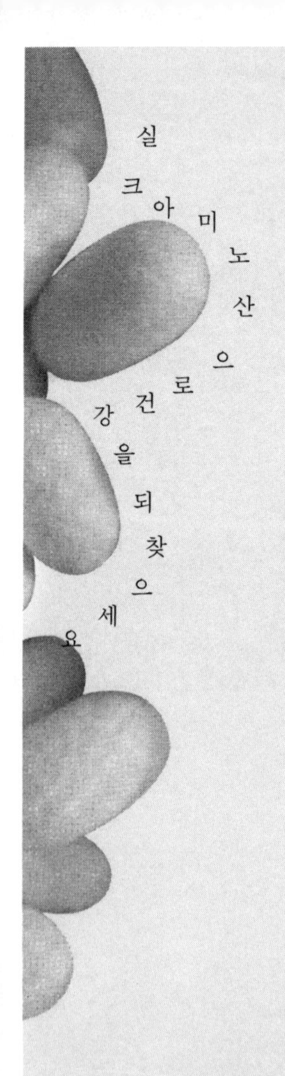

건강의 유지는 생리학적(生理學的) 도덕이기 때문에 우리의 의무이다. 이것이 존재한다는 것을 아는 사람은 극히 드물다.

—스펜서

01 실크의 유래

실크가 우리에게 첫 선을 보이게 된 것은 기원전 약 2천 6백년 경으로 거슬러 내려가야 한다. 중국의 한 황제비인 '시링치'는 어느 날 봄햇살을 받으며 궁원을 거닐고 있었다. 그런데 우연히 햇빛 속에서 반짝반짝 빛나는 것을 발견했다. 신기한 나머지 살며시 다가간 황제비는 손바닥에 반짝이는 것을 올려놓고 살펴보는데, 그만 뜨거운 찻잔에 빠뜨려 버렸다. 당황한 황제비는 조심스럽게 그것을 꺼내 올리려는데, 그 반짝이는 벌레가 실타래처럼 아름다운 은빛 실오라기를 만들어내고 있지 않은가.

그 후 옷에 관심이 많았던 황제비는 궁전 안에 누에를 기르기 시작하여 보석처럼 반짝이는 영롱한 실크를 생산해내기에 이른 것이다.

이 작은 우연이 인류에게 좋은 옷감을 선사한 것이고, 그 후로 지금까지 실크는 사람들의 몸에 트러블이 생기지 않으며 가장 친화적인 재료로 대접받는 귀한 옷감으로 자리잡았다. 또한 실크가 옷감뿐만 아니라 우리 몸에 좋은 식품이라는 것이 「동의보감」이나 「본초강목」에 이미 그 효능에 대해 기록되어 있다.

동양의학의 본산인 중국에서 최고의 의학서적으로 평가받고 있는 「본초강목(本草綱目)」을 살펴보면 숫나방을 최상의 정력제로 소개하고 있는 대목이 나오는데, 그 내용은 '천하의 보배이니 온 천하가 같이 지녀야 한다'고 격찬했다.

또 조선의 명의 허준 선생은 「동의보감」에서 '까만 오디는 뽕나무의 정수가 모인 것이고, 당뇨병에 좋을 뿐만 아니라 오장에 이로우며 계속 복용하면 영양에 좋다'고 기록하고 있고, '누에 번데기는 각종 풍과 피로에 여윈 증세를 다스려 준다'는 기록이 남아 있다.

〈표 6〉 실크 아미노산의 생성 과정

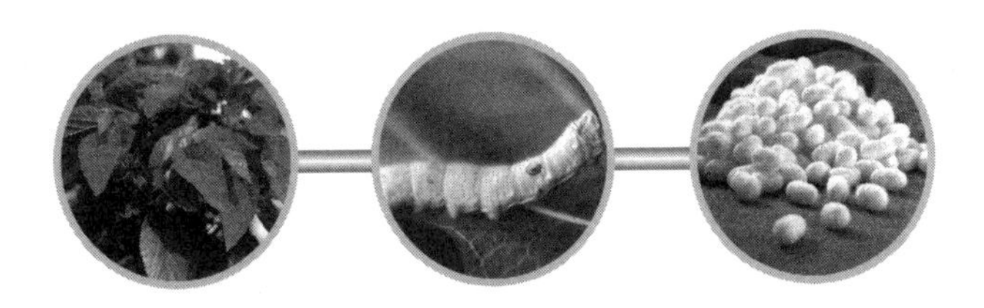

그래서 일본의 히라바야시 박사는 뽕나무에서 열리는 오디와 뽕잎을 먹고 자란 누에 번데기와 숫나방이 이처럼 훌륭한 한약재라면 누에 자신의 몸에서 뿜어낸 액체로 만든 누에고치의 성분이야말로 더 없이 좋은 효능을 지니고 있지 않겠느냐는 의문을 최초로 제기했다.

그 후 연구가 활발하게 이루어졌는데, 그 결과는 예측한 대로였다. 오디, 뽕잎, 누에 번데기, 숫나방 등은 한 일부만이 약효를 지닌 성분이었으나 누에고치는 그 성분이 100%가 갖가지 효능을 가진 성분으로 이루어졌음이 확인된 것이다.

즉 누에 실크 속에는 우리 인체에 꼭 필요한 필수 아미노산 8가지와 비필수 아미노산 10가지 등 모두 18가지가 골고루 함유되어 있음을 발견한 것이다.

그래서 입으면 아름다워지고, 먹으면 건강해져서 좋으며, 바르면 고와져서 좋은 일석 삼조의 물질이 실크이기 때문에 실크는 그 부드럽고 매끄러운 촉감과 질긴 섬유의 장점 뿐 아니라, 건강에까지 그 효능을 발휘하는 실크의 가치로서 하늘에서 내린 선물이라 일컬어질 만큼 널리 알려지고 있다.

02

늦출 수 없는 실크의 개발

예로부터 당뇨 환자들은 누에고치를 달여 먹어 왔다. 그러나 문제는 누에고치가 고분자의 섬유질로 되어 있기 때문에 소화 흡수가 잘 되지 않아 더 이상 역겨움의 고통 때문에 마실 수 없다는 단점을 안고 있었다.

만약 이 단점을 개선한다면 당뇨 환자에게는 최상의 약재로 손색이 없다는 사실을 알고 있으면서도 그 이상 발전하지 못했던 것이 사실이다.

그러나 최근 세계 최초로 일본에서 여러 차례의 연구 실험을 거쳐 먹는 실크의 개발에 성공했다. 지금은 의약품에서 건강식품, 그리고 심지어 된장, 간장, 아이스크림, 샴푸, 비누 등의 모든 식품에 이르기까지 광범위하게 실크를 사용하고 있고, 최근엔 실크 화장품이 개발되어 선풍적인 인기를 끌고 있다.

이러한 추세라면 앞으로 우리 인체에 꼭 필요한 아미노산이 가장 많이 풍부하게 포함되어 있는 실크가 일본사람에게서 사랑 받듯 우리나라에서도 사랑 받을 것이며, 더 나아가 세계 곳곳에 널리 퍼져 사랑받는다면 황금알을 낳는 건강기능식품으로 자리잡을 날이 멀지 않았다고 본다.

그래서 우리나라에서는 앞 다투어 생명공학연구소와 제조업체들이 컨소시엄을 구축하여 실크아미노산의 연구와 함께 대량 생산 라인구축에 투자를 아끼지 않고 있다. 이렇듯 막대한 투자를 하면서까지 실크 개발에 전력을 다한 이유는 우리 땅에서 자란 누에에서 뽑은 실크 역시 세계 최고이고, 효능 또한 단연 세계 최고의 품질을 자랑할 수 있기 때문이다.

그래서 이제 먹는 실크의 개발은 국익차원을 넘어 막대한 개발비를 들여서라도 늦출 수 없는 과업이

경인일보 2002년 3월 12일

액체 실크를 이용한 색전물질이 국내 연구진에 의해 개발됐다. 색전물질이란 각종 종양수술 때 혈관 속에 다른 물질을 주입하는 물질로 혈액의 흐름을 막아 지혈은 물론 종양의 성장을 일정시간 멈추게 하는 효과가 있으며 현재 내·외과 치료에 광범위하게 사용되고 있다.

실크이용 「색전물질」개발

지혈·종양성장지연 효과
농진청 잠사硏 특허 출원

농촌진흥청 잠사곤충연구소(소장·林秀浩)는 11일 「누에에서 나온 견사 단백질이 인체에 친화력이 강한 점을 이용, 액체실크를 이용한 색전물질을 서울대 삼성의료원과 공동으로 개발, 특허 출원했다」고 밝혔다.

이번에 개발된 액체실크 색전물질은 누에에서 나온 천연실크를 염화칼슘, 질산칼슘, 치환리듐 등의 용매로 녹이는 것으로 실크를 이용한 색전물질 개발은 이번이 처음이다.

삼성의료원 동물 실험결과 액체 실크 색전물질은 기존의 금속 색전물질이나 천연단백질 색전물질(콜라겐)보다 체내 친화력이 강하고 부작용이 적은 것으로 조사됐다.

특히 비교적 큰 혈관에만 사용이 가능하던 기존의 색전물질과는 달리 직경 2mm 이하의 모세혈관에도 사용할 수 있고 견사 단백질 분자량 조정으로 색전효과의 시간도 임의로 조절할 수 있어 뇌출혈 예방이나 간암 수술에 유용하게 사용할 수 있을 것으로 보인다.

또 현재 대부분 색전 물질이 모두 수입되고 있는 점을 감안하면 이번 개발로 10억~20억원의 수입대체 효과도 거둘 수 있을 것으로 잠사곤충연구소는 기대했다.

신문자료 참조

며, 국민의 건강을 위해서라도 반드시 꼭 해야만 하는 시대적 연구 개발 제품인 것이다.

〈표 7〉 먹는 실크의 12가지 공정

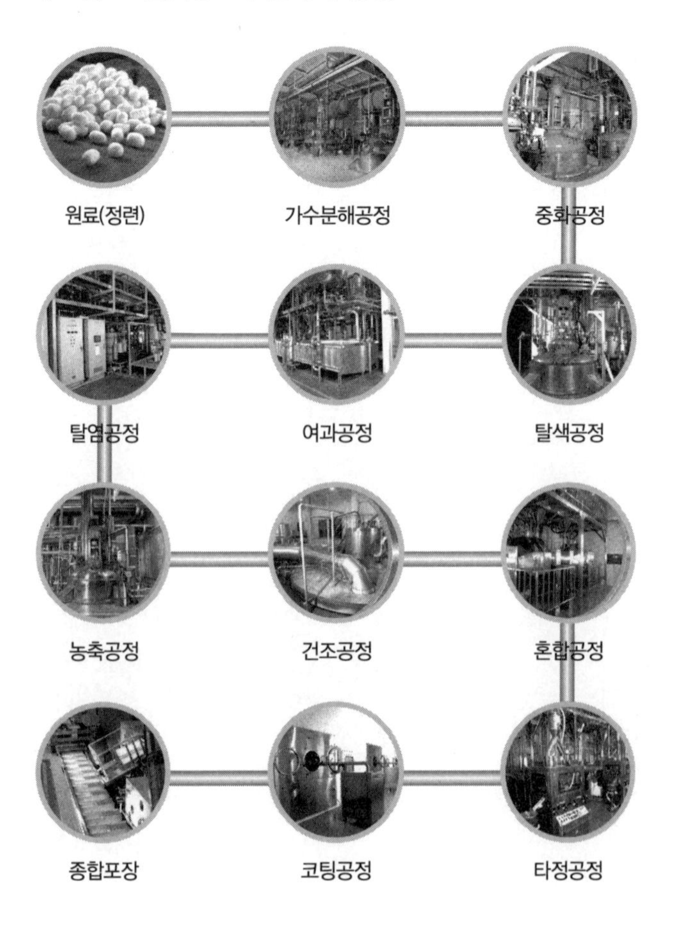

03 실크 아미노산은 신이 내린 고단백질

실크의 원료는 다름아닌 누에고치이다. 누에고치의 주성분은 피부로인(Fibroin)과 세리신(Sericin)이라는 100%의 완벽한 단백질로 구성되어 있고, 이 단백질을 구성하는 물질이 다름아닌 아미노산이다.

그러나 이 실크 단백질은 100,000개 이상의 고분자 상태로 결합되어 있기 때문에 소화가 잘 되지 않는다. 그래서 이것을 특수공법으로 가수분해하면 아미노산이 2~3개씩 붙어 있는 아미노산 펩타이드 물질로 분해된다. 이는 분자량이 매우 작기 때문에 인

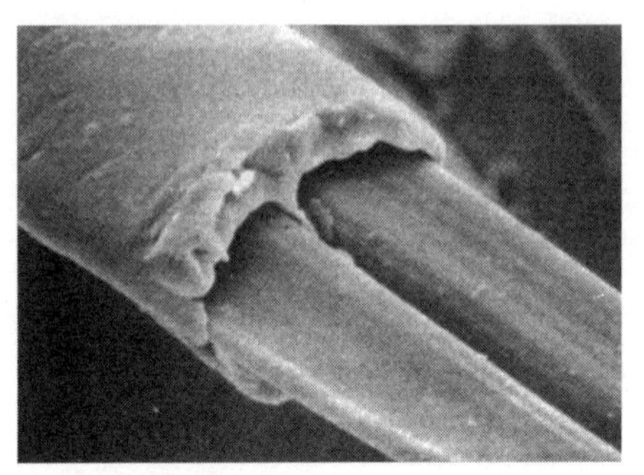

〈표 8〉 누에고치실 1가닥의 단면도

체 내에서 소화 흡수율이 10~20분 내에 92% 이상 누구에게나 흡수할 수 있으며, 색깔과 냄새 또한 구수하고 단맛이 나서 먹기에도 좋으며 체내에도 필요에 따라 자유롭게 결합하여 인체에 필요한 조직과 체단백을 만들어 낸다.

효능면에서도 실크는 천연 아미노산 18종이 완벽하게 추출되므로 누구에게나 효과적인 효능을 발휘하는 천연 물질이며, 누에 분말보다 10배 이상 뛰어난 효과를 나타내며 각종 식품에 첨가물로도 활용이 가능한 21세기 생명공학의 신물질이라 할 수 있다.

그런데 왜 실크를 신(神)이 인간에게 준 선물이라고 하는가? 그 이유는 실크 아미노산은 우리 인간에게 꼭 필요한 필수 아미노산 8종과 주요 아미노산 10종이 균형잡힌 상태로 풍부하게 들어 있기 때문이다.

만약 헤모글로빈이 부족하면 혈액 내의 산소 운반량이 떨어져서 세포는 활력을 잃게 되고 노폐물 배설이 어려워 영양소의 신진대사가 곤란해 혈액이 탁해짐으로 말미암아 전신의 건강을 위협하게 된다. 또 콜라겐이 부족하면 피부와 근육이 약해지고 힘을 쓸 수 없게 되고 호르몬도 마찬가지다.

이 모든 것이 십여 가지의 아미노산 결합에 의해 생성되며 생리기능을 관장하기 때문에 아미노산이 우리 인체에 절대적으로 필요하다. 만약 한 가지라도 부족하면 인체는 심각한 질병에 빠질 수 있다. 예를 들어 인슐린 부족으로 당장 당뇨병이 생겨 고무인형처럼 무력해지는 것과 같은 이치다.

심장, 두뇌, 신장, 간장 등 모든 주요 장기가 아미노산들의 결합으로 만들어진 조직 단백질이다. 그래서 아미노산이라는 재료가 부족하면 안 된다. 또한 밸런스가 중요하다. 어느 한두 가지가 많다고 좋은 게 아니라 오히려 방해가 되어 소변으로 내보내기도 하고, 또 어느 한 가지가 부족하면 마치 건물이 붕괴되듯 건강한 사람이 어느 날 갑자기 부실해져 뜻하지 않게 병이 들 수도 있다.

이렇게 중요한 역할을 하는 아미노산은 체내에서 합성되어지거나 만들어지지 않으므로 반드시 음식물을 통해서만 섭취 가능한 아미노산이다.

〈표 9〉 필수 아미노산 1일 필요량

(FDA/WHO 에너지 단백질 합동위원회 권장 1일 최소 필요량)

아미노산	필요량(mg/몸무게 1kg/1일)		
	성 인	어린이	유 아
히스티딘	0	0	28
이소류신	10	30	70
류신	14	45	161
라이신	12	60	103
메티오닌+시스틴	13	27	58
페닐알라닌+티로신	14	27	125
트레오닌	7	35	87
트립토판	3.5	4	17
발린	10	33	93

그러나 현실적으로 가공식품 위주의 우리 식단으로서는 매일 균형 잡힌 아미노산 비율을 맞춘 식사가 어렵다. 그래서 결국 호르몬 분비 이상 항체 및 면역력 저하, 빈혈, 당뇨, 콜레스테롤, 관절염, 치매 등 각종 성인병의 원인이 된다. 그래서 아미노산이 필요하나 그 중에서도 필수 아미노산이 성인은 8가지, 유아는 9가지가 빠짐없이 필요하다.

그러나 다행히 신(神)이 우리에게 실크 아미노산을 주었다. 실크 아미노산은 아미노산 비율이 인체와 비슷하여 그것을 섭취하면 아미노산 밸런스를 맞출 수 있어 예방, 치유할 수 있는 길을 터주었던 것이다.

04 먹는 실크가 피부에 미치는 영향

실크 아미노산은 우리의 생명을 이루는 구성물질이기도 하며 생명을 유지시켜 주는 소중한 에너지원이기도 하다. 즉, 우리의 몸에 필요한 세포 조직의 성장과 발달, 유지 보수는 물론 호르몬, 항체, 신경전달물질을 만드는 등 모든 생리 기능을 유지하는데 반드시 필요한 물질이며, 우리 몸 곳곳에 유용하게 쓰이는 천연물질이다. 그러나 이런 탁월한 먹는 천연물질로서의 효과 외에 피부 접촉을 통한 효과를 알아보면 다음과 같다.

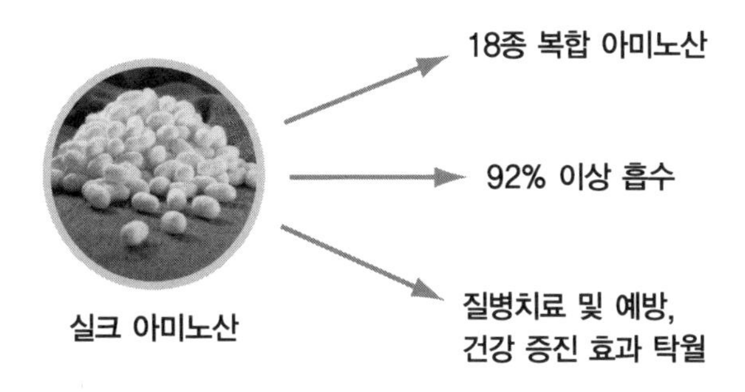

〈표 10〉 실크 아미노산

1) 흡습성과 방습성이 뛰어난 실크

우리의 피부는 항상 숨을 쉬고 있다. 우리가 느끼지 못하는 순간에도 피부는 수분을 발산하고, 수분을 발산하면서 우리 몸에 알맞은 체온을 유지시켜주고 있는 것이다. 따라서 흡습성과 방습성이 좋지 않은 소재로 된 옷을 입으면 공기가 잘 통하지도 않고 땀이 공기 속으로 날아가지 않아 곧 피부가 축축해져서 불쾌감을 느끼게 된다. 온도변화가 심하거나 냉방중인 곳에서 이와 같은 상태가 지속된다면 건강에 좋지 않은 영향을 끼친다.

그래서 우리는 일반적으로 흡습성이 좋은 옷감으로 면직물과 실크를 든다.

측정 항목	면	실크
흡습성(20℃, 60% RH)	8.5%	12%
습기방출 속도	60분	40분

표에서도 알 수 있듯이 실크의 흡습성은 면직물보다 약 1.4배 정도로 뛰어나다. 땀이 공기 중으로 날아가는 방습 속도를 살펴보면 면직물이 60분 안에 방출하는 수분의 양을 실크는 40분만에 날려 보낸다. 이 말은 실크는 면보다도 많은 양의 수분을 흡수하면서 면보다 빠른 속도로 그 수분을 방출할 수 있다는 것이다. 한 사람이 하루종일 발산하는 수분의 양은 2리터나 된다. 그렇기 때문에 방출하는 속도가 빠르면 빠를수록 피부에는 좋은 영향을 미치는 것이다.

보온성에서도 실크는 그 효과가 떨어지지 않는다. 실크는 초미세섬유(마이크로 피브릴)의 집합체로 되어 있기 때문에 그 틈새에 공기를 많이 함유하고 있다. 공기는 열을 잘 전달하지 않아 실크는 공기를 많이 간직하고 있는 시간이 길어지게 된다. 당연히 열전도율은 매우 낮아 보온성이 좋게 되는 것이다.

이와 같이 실크는 많은 양의 땀을 흡수하여 이를 즉시 외부로 방출할 수 있을 뿐만 아니라, 많은 공기를 함유하고 있어 보온성이 우수하기 때문에 피부를 항상 촉촉하게 해 주고 청결하고 산뜻하게 유지시켜 준다. 또한 실크에는 정전기가 발생하지 않는 특성이 있어 입었을 때 혈액의 알칼리성이 과도하게 상승하지 않기 때문에 스트레스도 적게 받는 장점이 있다.

2) 인간의 피부와 흡사한 실크

실크는 크게 피브로인(Fibroin)과 세리신(Serioin)으로 구성되어 있는데, 실크의 비단실에 표면을 감싸고 있는 세리신 단백질은 우리 몸의 피부의 천연 보습인자(NMF)와 아주 비슷한 아미노산으로 되어 있다. 그리고 비단실의 섬유질인 피브로인 단백질은 아래의 그림을 보면 알 수 있듯이 양모섬유의 케라틴 단백질과는 달리 우리 몸의 피부인 콜라겐 단백질과 비슷한 성분으로 되어 있다.

이와 같이 실크는 탁월한 흡습성 및 방습성을 자랑하고 있으며, 우리 몸의 피부와 유사한 구조를 갖

〈표 11〉 사람의 피부와 실크 단백질의 비교론

아미노산 종류	사람피부(콜라겐)	실크(피브로인)	양모(케라틴)
글리신	32.4	32.5	5.5
알라닌	11.5	25.9	4.3
발린	2.4	1.3	5.7
로이신	2.5	0.6	6.3
이소로이신	1.0	0.8	4.5
페닐알라닌	1.3	1.0	4.1
프로린	12.5	0.5	6.8
세린	3.7	12.2	10.6
쓰레오닌	1.8	1.0	7.2
티로신	0.4	10.6	5.5
시스틴	–	0.1	10.5
매치오닌	0.7	0.9	0.6
아스파라긴산	4.7	1.4	6.8
글루타민산	7.8	1.3	14.5
리신	2.7	0.4	3.3
히스티딘	0.5	0.3	1.2
알기닌	4.9	0.8	9.8
트립토판	–	0.3	1.9

뽕잎 누에 실크 건강법 참조

고 있기 때문에, 우리 몸에 제2의 피부라 할 수 있을 만큼 훌륭한 역할을 담당하고 있다.

따라서 공해가 심해지고 우리 몸에 좋지 않은 환경이 우리를 공격하는 이 때에 비단옷과 비단침구는 우리의 건강을 지켜 주는 좋은 재료가 아닐 수 없다.

3) 피부질환 치유제로도 활용된 실크

비단옷이 우리 몸에 좋다는 것은 일반적으로 많이 알려진 사실이다.

1987년에 중국 항주시에 있는 전국 견직물과학 정보센터라는 연구단체에 의해 발표된 연구결과에 의하면 중국의 절강의과대학과 서안(西安)의과대학병원에서 30명의 의사와 연구진이 6~12개월 동안에 걸쳐 283개 피부병 증상에 대한 임상실험을 실시하였는데, 그 결과 30년이 넘게 전신 피부가려움증으로 고생했던 85세 노인 환자가 40일 이내에 거짓말처럼 피부가려움증이 나았고, 노인성 전신 피부가려움증을 앓은 40명의 환자도 효과를 보았다. 또한 국부가려움증으로 고생한 여성 환자들도 86%가 증세가 호전되었으며, 임신중의 가려움증으로 호소하던 환자도 40일 이내에 100% 치유되었다. 이 밖에 어린이들을 괴롭히는 땀띠도 80%가 호전되는 반응을 보였다고 발표하였다.

이와 같이 임상 실험을 통해 실크가 피부병 치료 효과에 뛰어난 사실에 대해 해당 의과대학 연구팀은 단백질 섬유인 비단이 18종의 아미노산으로 구성되어 있는 것에 그 이유가 있다고 설명했다. 이 아미노산은 사람의 피부에 없어서는 안 되는 성분이기 때문에 비단옷이 피부에 닿으면 피부세포의 활력이 증진되고 혈관의 경화를 억제하며 노화를 방지하기 때문이라고 설명하고 있다. 이러한 실험결과에서 밝혀졌듯이 비단옷은 피부 질환 환자는 물론 피부를 보호하고자 하는 사람에게도 알맞은 섬유라는 것이다.

〈표 12〉 비단옷 입으면 피부질환 끝!

(중국 항주시 전국견직물과학정보센터, 1987년 피부 질환 환자 실습표)

병원명	주요 피부질환	환자수	유효율(%)
절강의대부속 제일병원	노인성전신 피부가려움증	40	100
세안의대부속 제이병원	하반신 가려움증	44	80
전갈의대부속 중의원	다발성 피부질환	120	83
절강의대부속 산원	여성국부 가려움증	29	86
	임신기 가려움증	10	100
절강의재부속 제이병원	소아땀띠	40	85

주의 : 절강의대부속 중의원의 다발성 피부질환자 120명은 피부가려움증 환자 59명, 만선습진환자 13명, 과민성 피부염 환자 24명, 신경성 피부염 환자 17명, 기타 질환자 7명임.

05

인체에 미치는 18가지 천연 아미노산의 기능과 특성

앞에서도 말했듯이 실크는 먹지 않고 인체 피부 접촉을 하고도 큰 효과를 보는데, 그것은 실크 속에 18가지의 아미노산이 풍부하게 구성되어 있기 때문이다. 그러나 이 18가지의 아미노산을 먹을 수 있도록 가수분해하여 먹을 수 있도록 만든 것이 우리에게 획기적인 발전이며, 우리 인간의 생명을 좀더 연장하게 해줄 수 있는 계기가 되는 셈이다. 또한 이 성분은 물에 잘 녹으며 우수한 인체친화력을 가지고 있다. 또한 체내의 영양물질이 에너지원 및 생명요소로 전환하는데 결정적인 역할을 수행하고 있는데, 종류별 특성과 기능을 살펴보면 다음과 같다.

18가지 실크 아미노산의 기능

- **글리신 Glycine 42.8%** | 콜레스테롤 저하, 혈당저하, 알코올 대사촉진, 간기능 강화
- **알라닌 Alanine 32.4%** | 콜레스테롤 저하, 혈당량 조절, 혈당저하, 간기능 강화, 알코올 분해 가속화
- **세린 Serine 14%** | 인슐린 생산촉진, 콜레스테롤 저하.
- **씨스틴 Cystine 0.03%** | 인슐린 생산촉진, 콜레스테롤 저하
- **아스파라긴산 Aspartic acid 1.7%** | 피로방지, 스테미너 및 저항력 증가, 숙취해소
- **발린 Valine 3.03%** | 두뇌활동 촉진, 정서안정 유지, 근육활동 촉진
- **글루타민산 Glutamic acid 1.174%** | 뇌에 영양공급 조미효과
- **트레오닌 Threonine 1.15%** | 성장발육, 성인 질소대사 필수

▶ **트립토판 Tryptophan 0.36%** | 성장발육, 성인 질소 대사 필수

▶ **루신 Leucine 11.8%** | 성장발육, 헤모글로빈의 중요요소

▶ **티로신 Tyrosine 6%** | 활력증진, 노폐물 여과, 부족시 성장장애와 불임의 원인

▶ **알기닌 Arginine 0.9%** | 활력증진, 갑상선 뇌하수체 기능촉진

▶ **이소루신 Isoleucine 0.87%** | 영양성장에 절대필요

▶ **라이신 Lysine 0.45%** | 영양성장에 절대필요, 뼈, 연골 조직을 만드는 섬유질 형성, 항체소화액 분비, 부신 기능 조절

▶ **패닐알라닌 Phenylalanine 1.15%** | 갑상선의 티로신이라는 호르몬 분비 촉진

▶ **히스티딘 Histidine 0.32%** | 몸균형 및 피부영양공급 청각신경세포 형성(유아의 성장 발달 촉진)

▶ **메티오닌 Methionine 1.15%** | 간기능 활성화 및 보호, 탈모방지

▶ **프롤린 Proline 0.45%** | 신체영양에 좋음(연골과 인대 등 관절을 튼튼히 돕는다.)

필수 아미노산 8종

- 발린(Valine)
- 류신(Leucine)
- 이소루신(Isoleucine)
- 트레오닌(Threonine)
- 메티오닌(Methionine)
- 라이신(Lysine)
- 페닐알라닌(Phenylalanine)
- 트립토판(Trypotophan)

주요 아미노산 10종

- 글리신(Glycine)
- 알라닌(Alanine)
- 글루타민산(Glutamic acid)
- 아르기닌(Arginine)
- 시스틴(Cystine)
- 프롤린(Proline)
- 세린(Serine)
- 티로신(Tyrosine)
- 아스파라긴산(Aspartic acid)
- 히스티딘(Histidine)

〈표 13〉 필수 아미노산 8종, 아미노산 10종 성인 · 유아 섭취 분류

06 실크 아미노산의 놀라운 효과

오랜 세월 동안 옷감으로만 그 능력을 감추어왔던 실크는 천연 단백질의 비밀을 숨겨왔던 것이다. 이 단백질은 수많은 아미노산들의 복합체여서 사람이 쉽게 소화할 수 없는 성분이었던 것이 안타까웠으나, 이것을 특수공법으로 분해하여 복합 아미노산인 펩타이드로 만들어낸 것이다. 이렇게 변신한 아미노산은 먹었을 때 10~20분 이내에 92%가 흡수되는 놀라운 능력을 지니게 되었다.

그러나 일부 사람들은 아직도 고단백 식품이라고 생각하는 몇몇 혐오 식품들, 즉 개, 뱀, 개구리, 야생 동물들을 사회적인 논란에도 불구하고 암암리에 비싼 값으로 애용하고 있다. 그러나 이것들은 우리 인체의 소화 흡수율이 좋지 않을 뿐 아니라 불결하여 효능 또한 과학적으로 입증되지 않아 불안하다.

그에 비해 실크 아미노산은 탁월한 소화 흡수율이 과학적으로 증명되었고, 아주 탁월한 효능 실험을 통해 입증되었다.

또한 시중의 의료기관에서 치료의 한계를 느낀 환자가 실크 아미노산을 섭취한 후 치료 효과를 보았다는 체험 사례를 우리는 종종 볼 수 있다. 그 이유는, 우리의 몸은 신체-계통-기관-조직-세포-분자-원자의 순으로 세분할 수 있다. 현재 한의학의 치료는 기관의학 · 양의학 치료는 조직의학 치료에 중점된 치료인데, 기관의학 및 조직의학 치료 방법에서 불가능한 것을 세포 및 분자 생물 방법 치료에서는 가능하다. 그 치료 방법으로는 나쁜 세포는 억제하고 좋은 세포는 활성화시키는 대안으로서 단백질의 공급원인은 아미노산을 통해 가능하므로 아미노산은 현대의학의 신소재로 급부상하고 있다.

1995년 여성과학계의 노벨상으로 불리는 '로레

알-유네스코 여성 과학자상'의 첫 수상자인 우리 나라 한국과학기술연구(KIST) 책임연구원 유명희(柳明姬) 박사는 그의 논문에서 현재 전세계 생명과학자들은 인간 게놈 프로젝트 이후의 새로운 표적을 단백질로 삼고 있는데, 대부분의 질병이 단백질 기능에 문제가 생기면 발생된다고 했다. 또한 단백질의 구조는 긴 사슬처럼 연결된 아미노산이 용수철 모양으로 말리거나 접히면서 공 모양의 입체구조가 돼야 생물학적 기능을 수행할 수 있기 때문에 '아미노산 연결 구조가 이상이 있을 때 질병이 발생한다'라고 처음 밝혀냈다. 또 모든 단백질은 자신만의 3차원 구조가 기능을 갖고 있기 때문에 하나의 단백질을 분석하는 데 쓰인 방법이 다른 단백질에는 적용되지 않는다고 언급했으며, 한마디로 상식이 통하지 않는 것이 단백질로서, 양질의 단백질을 분석하며 계속 흡수시켜 인프라를 갖추면 한국인에게 자주 발생하는 질병인 골다공증, 동맥경화, 치매 등에 효과가 있다고 했다. 그래서 유명희 박사는 '2003년 한국인이 닮고 싶고 되고 싶은 과학 기술인'으로 선정되었다(2004. 3. 8, 동아일보).

이와같이 단백질의 공급원인 양질의 아미노산의 흡수가 건강을 지켜주는 신소재임을 더 한층 입증한 것이다.

실크 아미노산이 당뇨병에 좋은 이유는 무엇인가?

실크 아미노산에는 세린이라는 성분이 약 14%를 차지하는데, 이 성분이 췌장 내 베타세포를 자극시켜 인슐린 분비를 촉진시켜 주는 것이다.

고혈압이나 뇌졸중도 예방할 수 있나?

우리 몸에 흐르고 있는 혈액은 콜레스테롤이 많아지면 콜레스테롤이 혈관 벽에 쌓여 정상적인 혈액의 흐름을 막는다. 이로 인해 혈압이 상승하면 뇌졸중을 일으킬 수가 있다. 이런 경우가 대동맥에 나타나는 경우 동맥경화증을, 뇌동맥에 나타나는 경우 뇌출혈과 뇌경색을, 관상동맥에 나타나는 경우 협심증과 심근경색을 유발하게 되는 것이다. 이때 18종의 실크 아미노산 중 42.8% 정도를 차지하는 글리신이 혈중 콜레스테롤 수치를 낮추어 준다. 그러면 고혈압, 뇌졸중, 동맥경화, 협심증 등에 대한 위험이 현저히 줄어든다.

간 기능 강화를 통해 피로회복, 숙취해소 등에 뛰어난 효과가 있다는데?

간에는 글로코겐이라는 물질이 있는데, 이는 인체의 피로, 스트레스, 음주에 대하여 간을 보호하기 위한 물질이다. 그러나 지속적으로 스트레스, 과음으로 인한 피로가 누적되면 글리코겐의 양이 부족하게 된다. 이로 인해 간 기능에 문제가 생기게 되는 것이다. 이런 경우 천연 실크 아미노산 중 약 32.4%를 차지하는 알라닌이라는 물질이 글리코겐으로 즉시 전환되면서 간 기능이 회복되는 것이다.

유아 및 아동기의 성장발육과 두뇌발달에 좋은가?

성장기에 있는 유아 및 아동은 그 성장률만큼이나 아미노산을 많이 필요로 한다. 보통 성인의 5~10배 이상의 아미노산이 필요한 것이다. 이때 천연 실크 단백질을 구성하고 있는 아미노산 중 트립토판, 리진, 트레오닌은 어린이 성장 발육촉진을, 발린은 두뇌발달을 촉진시켜 준다.

폐경 후 골다공증, 관절염 예방과 개선에도 효과적인가?

폐경 후 중·장년기 여성은 성호르몬 분비가 급격히 감소하게 된다. 이때 칼슘이 많이 빠져나가 골밀도가 낮아지고 이로 인해 골다공증이 생기게 되는 것이다. 따라서 이 시기 여성에게 추가적인 칼슘섭취는 질병예방을 위해 절대적으로 필요하다. 그러나 주변에서 손쉽게 구할 수 있는 칼슘 강화 식품들은 '인' 성분과의 상호반응으로 체내 흡수를 방해한다. 아미노산은 칼슘의 체내 흡수를 도와주는 역할을 하게 된다.

노인성 치매 예방에 좋은 이유는 무엇인가?

노인성 치매는 베타아밀로이드라는 물질이 체내에 침착되어 신경독성 작용을 일으켜서 일어난다. 실크 아미노산에는 5~6% 정도의 티로신이라는 성분이 있는데, 이 티로신이 베타아밀로이드를 파괴하는 역할을 한다. 그러므로 노인성 치매를 예방할 수 있는 것이다. 이미 현대의학에서도 이 물질을 치료제로 쓰고 있다.

한 사례를 예로 들어보자. K사장은 최근 아침마다 심한 피로에 시달린다. 그래서 저녁에 이어지는 술자리가 두렵기까지 하다. K사장은 머리를 쥐어뜯는 숙취와 구역질에 아침마다 몸살을 앓는다. 그 뿐만이 아니다. 손발이 떨리고 전에 없이 의식이 없어 주위 사람에게 실수도 많았다. 자고 일어나면 개운했던 숙취로 하루 종일 K사장을 괴롭힌다.

이런 상태가 반복되면 간장이 견딜 수 없게 되어 병이 나게 마련이다. 간은 80% 이상 나빠지기 전에는 아무런 증상이 없다. 그렇기 때문에 한 번 나빠진 간은 쉽게 회복되지 않는다.

과음이나 약물의 과다 사용은 지방간으로 나타나고, 지방간은 알코올성 간염을 거치면서 만성화되면 곧바로 간경화가 될 수 있다. 간경화가 간암으로 발전하면 이제는 밝은 날은 보기 어렵게 되고 만다.

우리에게 간은 소중한 장기이다. 모든 궂은 일은 간이 도맡아 해결하기 때문이다. 해독작용, 여과작용, 항체생산, 효소생산, 조혈작용, 노폐물 배설, 담즙생산 등 간이 하는 일을 공장에서 처리하려면 수

만평의 대형공장도 부족할 만큼 광범위하다.

특히 간은 한 번 나빠지면 회복도 어렵기 때문에 건강은 급속도로 나빠진다. 간을 보호하는 일은 건강을 위한 최소한의 노력일 것이다.

그렇다면 어떻게 간을 보호할 것인가. 물론 음주, 스트레스로부터의 해방이다. 그러나 현대를 살아가는 사람들에게 그것은 무리한 요구이다. 가장 쉽게 생각하는 것은 한약을 먹는 것이다. 그러나 한약은 잠시 효과를 보이다가 주춤하는 경우가 많다. 한약업계에서는 이를 '역반응'이라고 한다. 왜 그런 현상이 오는 것일까? 약물은 간에서 해독하고 분해해서 배설해야 한다. 그러려면 간은 또 일을 해야 한다. 결국 간을 더욱 혹사시키는 결과를 낳는 꼴이 되어 버린다. 따라서 간을 편히 쉬게 하고 영양물질로 간을 보호해 주어야 한다.

가장 좋은 영양물질은 바로 아미노산이다. 아미노산은 간을 구성하는 구성물질 자체가 간의 영양소이기 때문이다. 그래서 아미노산이 없으면 간은 살 수가 없다. 아미노산은 간을 보호하고 재생을 돕는 중요한 역할을 담당한다.

또한 실크 아미노산은 그 효과가 탁월하다. 술을 마시기 전 후에 실크 아미노산을 먹으면 술이 잘 취하지도 않고 숙취도 없다는 것이다.

Silk Amino Acid

제3장

성인병을 다스리는 실크 아미노산의 효능

1. 당뇨병의 획기적인 치료제, 실크 아미노산
2. 콜레스테롤 농도를 떨어뜨리는 실크 아미노산
3. 간 기능 강화에도 효력을 발휘하는 실크 아미노산
4. 파킨슨 씨병과 노인성 치매의 치료제 티로신
5. 실크 활용으로 누구나 가능한 피부미인
6. 중장년층 성적 에너지 강화
7. 다이어트로 인한 결핍과 성장기의 청소년 필수 영양 식품
8. 기타 천연 아미노산이 인체에 미치는 영향
9. 실크 아미노산 복용 후 나타나는 호전반응 현상

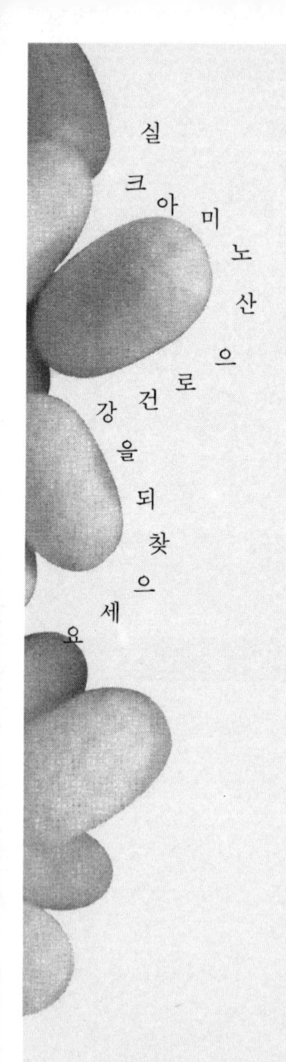

말을 삼가여서 그 덕을 기르고, 음식을 절제하여 몸을 보양한다. 이런 평범한 것이 실은 덕을 쌓고 건강을 유지하는 길이다.

—근사록

01 당뇨병의 획기적인 치유제, 실크 아미노산

당뇨병을 의미하는 서양 의학용어인 Diabetes Mellitus라는 말을 살펴보면 Diabetes는 다뇨를 뜻하고 Mellitus는 꿀처럼 달다는 의미를 가지고 있다. 한의학에서도 당뇨병은 다식, 다음, 다뇨의 증상이 있는 병이라는 뜻에서 '삼다증'이라고 불리워졌다.

2004년 4월 통계청 자료에 의하면 당뇨병의 국내 환자 수는 150만 명이고, 2003년 한 해 1만 200명이 사망했다고 한다. 그래서 "당뇨병 자체로는 죽지 않지만 합병증으로 죽는다"는 게 당뇨의 일반적 설명이다. 당뇨병은 주로 40대 이후 성인들에게 발병되는 것으로 알고 있었는데, 최근에는 국민 소득수준 향상에 따른 영양섭취 과다로 어린이와 청소년에게까지 확산되고 있는 추세이다. 20세 이하의 인구 10만 명 중 9명이 당뇨병에 걸려 있을 정도라고 하니 이제 당뇨병은 국민의 병이라고 할 정도로 광범위하게 퍼지고 있는 것이다.

당뇨병의 발병원인은 아직 확실하게 밝혀지지는 않았지만 췌장의 베타세포에서 분비되는 인슐린의 결핍과 인슐린의 저항으로 일어난다고 볼 수 있다. 그렇다면 왜 인슐린의 결핍과 저항이 나타나는 것일까?

당뇨병은 현재까지 밝혀진 이유로는 유전적인 요인이 가장 큰 것으로 알려지고 있다. 부모 모두가 당뇨병이 있으면 자녀의 발병률은 30% 정도이고, 부모 중 한 사람만 당뇨병인 경우에는 자녀의 발병률이 15% 정도이다. 그러나 유전적인 요인을 가지고 있다고 해서 모두 당뇨병에 걸리는 것도 아니고 유전적인 요인이 없다고 해서 당뇨병에 걸리지 않는 것도 아니다. 당뇨병은 복잡한 환경적인 요인이 작용하여 발생하는 것으로 조사되고 있다.

또 당뇨병의 증상은 여러 가지 형태로 나타날 수 있다. 가장 심각한 증상은 척추신경을 압박하여 손발이 저리고 심하면 마비가 올 수 있다. 또한 뇌동맥경화와 반복적으로 이어지는 저혈당으로 기억력이 감퇴되고 원기가 떨어져 몸에 마비증상까지 불러올 수 있다. 피부과적으로는 심한 가려움증과 부인과적으로는 생리불순, 조산, 유산 등이 발생할 수도 있는 등 심각한 합병증을 일으킨다.

또한 당뇨는 우리 몸의 혈관을 가늘게 하고, 신경장애와 피부영양을 조절하는 기관이 마비되어 발가락이 차가워지고 손톱과 발톱이 빠지거나 썩을 수도 있어 평소에 손가락과 발가락을 주의 깊게 관찰해야 한다.

당뇨병의 대표적인 증상으로는 소변을 자주 많이 보고(다뇨), 물을 많이 마시고(다음), 음식물을 많이 먹으며(다식), 체중이 감소한다. 그밖에 피로, 전신 쇠약감, 감염증, 가려움, 손가락 끝의 저림, 시력장애 등이 일반적으로 올 수 있는 증상들이다. 경우에 따라서는 증상이 없을 수도 있다.

당뇨병의 이 같은 증상은 백내장, 고혈압, 뇌졸중,

중풍, 관절염, 발끝이 썩어 들어가는 질병 등 온갖 무서운 합병증을 유발시키고 있다.

만병의 원인이라고 할 수 있는 당뇨를 다스리려면 베타세포의 인슐린 분비기능을 회복시키는 것이 급선무이다. 인슐린이 정상적으로 분비되는 사람의 혈당치는 혈액 100ml에 50~120mg을 항상 유지해야 하는데, 당뇨병 환자는 인슐린의 부족으로 혈당치가 140mg을 초과해 포도당이 충분히 흡수되지 못한 채 소변에 섞여 배설되게 된다.

현재 알려진 대표적인 당뇨병 치료방법은 주사로 인슐린을 체내에 주입하는 방법이 있다. 그러나 이 치료법은 지속적으로 주사를 맞아야 하는 번거로움과 장기간 주사를 맞을 경우 바늘구멍을 찾기조차 힘들어지는 고통을 겪게 된다.

이런 당뇨병 환자에게 실크 아미노산은 반가운 물질임에 틀림없다. 실크 아미노산은 먹는 것만으로 인슐린 분비를 촉진시켜 당뇨병을 예방하는 것은 물론 치유에도 큰 효과를 보이고 있기 때문이다.

일본 동경공공대학의 히라바야시 박사는 실크 아미노산의 효능을 밝혀내기 위해 내당성이 저하된 쥐에게 누에고치 가수분해물질을 먹였다. 그 후 혈중 인슐린 농도를 측정한 결과 인슐린의 농도가 실크 아미노산을 먹이기 전보다 약 2배 정도 상승한 것으로 밝혀졌다. 또한 인슐린 농도가 상승한 쥐들의 혈당치가 곧 정상수준으로 되돌아온다는 사실도 실험을 통해 밝혀내는 쾌거를 이루었다.

〈표 14〉 혈장 포도당 농도(mg/dl)

시간	정상	내당능장애	당뇨병
공복	110 미만	126 미만	126 이상
2시간	140 미만	140~199	200 이상

(일본 동경 농공대 히라바야시 교수 논문)

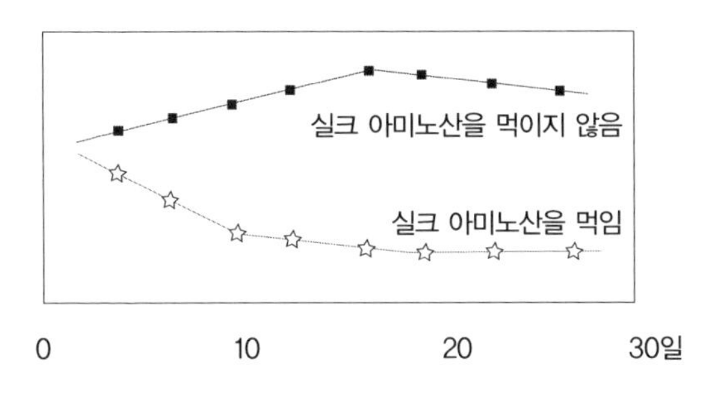

〈표 15〉 실크 아미노산 투여 후 혈당 비교

02 콜레스테롤 농도를 떨어뜨리는 실크 아미노산

당뇨병 같은 성인병과 함께 최근에 발병이 급증하고 있는 질병은 지방의 섭취증가로 인한 각종 혈관질환들이다.

고혈압과 동맥경화, 40~50대 돌연사의 주범인 심장병, 어느 날 갑자기 쓰러져 되돌릴 수 없는 상태가 되는 중풍 등이 그것이다. 이 질병들은 모두 혈관에 문제가 생겨 발생하는 혈관질환들이다.

고혈압은 동맥의 벽에 끊임없이 높은 압력을 가해 혈관의 내막을 손상시켜 마침내 혈관을 비좁게 만드는 결과를 낳는다. 그것이 바로 동맥경화이고, 이 질환은 심장병, 뇌졸중 등의 치명적인 합병증들로 이어지게 된다.

우리 나라의 심장병을 앓고 있는 환자의 수는 100만 명에서 120만 명에 달하고, 중장년층의 급작스런 사망의 대표적인 원인으로 알려지고 있다.

겨울에 갑자기 기온이 떨어질 때 노인들에게 많이 발병하는 중풍, 즉 뇌졸중도 역시 고혈압이 그 원인이다.

고혈압은 심장 수축기의 혈압이 160mm/Hg, 확장기의 혈압이 95mm/Hg 이상이고, 정상인보다 뇌졸중을 일으킬 확률이 약 4배에 달한다고 한다. 또한 보건복지부의 통계에 따르면 뇌혈관 질환의 질병으로 한 해에 2만 5천 명이 아까운 생명을 잃는 것으로 조사되고 있는데, 이는 전체 사망률 2위에 해당하는 사망률로 심각한 질병이다.

건강하던 사람이 어느 날 갑자기 쓰러져 영영 일어나지 못하게 되는 각종 혈관질환의 원인인 고혈압은 혈관 속의 콜레스테롤 농도의 상승에서 오는 것이다. 이 현상은 우리 몸의 핏줄 속에 콜레스테롤이 증가하는 것인데, 마치 파이프 속에 녹이 슬어가는 원리와 비슷하다. 따라서 각종 혈관질환을 예방하고 치료하기 위해서는 반드시 혈중 콜레스테롤 농도를 낮춰주어야 한다.

실크 아미노산은 혈중 콜레스테롤 농도를 낮추는 것에 탁월한 효과를 나타내고 있다. 실크 아미노산에 함유된 아미노산 성분 중 각각 42.8%, 14%를 차지하는 글리신과 세린이 콜레스테롤의 굴삭기 역할을 하는 것으로 밝혀졌다. 히라바야시 박사는 여러 가지 동물실험을 통해 이러한 사실을 입증해내기도 하였다.

〈표 16〉 동맥경화의 진행상태

정상적인 동맥	혈관 혈류	혈관벽에 지방질이 축적되지 않은 상태로 혈류도 원활히 소통이 되고 혈관은 탄력을 유지하고 있으며 혈액으로부터 산소와 영양소도 원활히 공급된다.
초기 단계	혈관 지방질 혈류	동맥이 탄력을 잃기 시작(경화)하고 혈류도 방해를 받으며 혈액으로부터의 산소와 영양소의 공급도 차단된다.
진행된 단계	혈관 지방질 혈류	동맥에 지방이 많이 쌓이고 오래되어 혈관이 탄력을 잃고 경화되었으며 혈류가 많은 방해를 받아 혈압도 상승된다.

신의 선물 실크 아미노산 건강법 참조

03

간 기능 강화에도 효력을 발휘하는 실크 아미노산

우리 몸에서 가장 힘든 일과 많은 일을 하는 것은 다름아닌 간이다. 간은 이상이 생길 때까지 아무런 증세가 없다가 갑자기 치료가 어려울 정도로 문제가 생겨서 간을 침묵의 살인자라 일컫는다.

간은 우리 몸의 매우 중요한 각종 대사작용을 총괄하여 담당하기 때문에 '인체의 화학공장'이라는 별칭을 가지고 있을 정도이다. 간은 마치 스폰지와 같아 '쿠션' 역할을 하기 때문에, 제2의 심장으로 불리기도 한다. 또한 간에는 Kupffer 세포로 불리우는 탐식세포가 분포하여 소위 세망내피계의 일부로서 중요한 면역기능을 담당하고 있기도 하다.

간은 복강 내 우상부에 위치하고 있는데, 무게가 무려 1,200~1,600g으로 우리 몸의 가장 큰 장기이다. 해부학적으로 간은 좌엽과 우엽으로 나누어져 있으며, 좌엽의 크기는 우엽의 1/6 정도이다.

간세포는 간문맥으로부터 간정맥 쪽으로 판상 배열을 하고 있으며, 혈류에 직접 노출되지 않고 현관내피세포에 둘러싸여 있다. 그리고 혈관내피세포에서 형성되는 누공이 혈류와 간세포 사이를 오가며 조절한다.

간에 있는 혈액의 80% 정도는 간문맥 혈관을 통해서 유입되며, 20%는 간동맥을 통해서 유입된다. 간동맥은 산소공급을 담당하며, 간문맥은 장에서 흡수된 영양분을 간으로 공급하는 역할을 담당하고 있다. 또한 담도는 간의 소화기능을 담당하는 역할을 하며, 간세포에서 생산된 담즙이 소장으로 유입되는 통로의 역할을 하기도 한다.

통계청의 사망원인통계연보에 따르면 우리 나라의 간질환 사망률은 인구 10만 명당 23.5명에 이르는데, 그 중 남자가 37.8명, 여자가 9.0명으로 남자가 여자보다 간질환으로 인한 사망률이 현저히 높다. 그러나 이는 1990년의 33.8명 보다 30.5% 감소한 수치이다.

간이 우리 몸에서 하는 일을 크게 보면 대사기능, 배설기능, 해독기능 등 세 가지로 나눌 수 있다.

먼저 대사기능은 포도당, 단백질, 지방 등을 재조립하여 몸에 동력을 공급해 주는 에너지원으로 합성해주는 역할을 한다. 배설기능은 이런 대사기능을 돕는 담즙이나 분해효소를 생산하고 방출해내는 작용을 하고, 해독기능은 체내로 들어온 독물이나 약물 또는 알코올 등의 유독 물질을 정화해주는 역할을 담당한다. 간은 우리 몸에서 가장 무거운 장기로 그 생명력이 강해 건강한 간을 70% 잘라내도 10~20일 후에는 원래의 크기로 되돌아오지만, 일단 간이 손상되어 간세포의 파괴 속도가 재생속도를 앞지르게 되면 그 회복은 거의 불가능하다. 따라서 간은 문제가 생기기 전에 보호해 주는 것이 무엇보다 중요하다.

우리의 간에 반드시 공급되어야 하는 필수 영양소

는 바로 단백질이다. 탄수화물과 지방이 몸 속에서 단지 에너지를 공급하는 역할만을 하는 반면, 단백질은 이 기능 외에 근육, 피부, 혈액 등의 원료로서 우리 몸을 구성해 주는 것에 꼭 필요할 뿐만 아니라 효소, 호르몬 등을 만드는 재료로서 생리작용을 조절하는 기능도 함께 수행하기 때문이다. 자동차에 비유한다면 탄수화물과 지방은 오로지 휘발유의 기능 밖에 하지 못하는데 비해 단백질은 휘발유의 역할은 물론이고, 차체의 소재가 되기도 하며, 윤활유, 각종 오일 등의 기능까지 담당한다고 할 수 있다.

특히 아미노산 가운데 필수 아미노산은 체내에서 전혀 합성되지 않는 특성을 가지고 있으며, 이들 중 어느 하나라도 부족하면 체내에서 단백질이 합성되지 못하는 결과를 초래한다.

그래서 필수 아미노산 8종을 비롯하여 10종의 비필수 아미노산을 함유한 총 18종의 아미노산으로 구성되어 있는 실크 아미노산을 먹는 것만으로도 간에 꼭 필요한 영양소를 섭취하는 것이나 다름없다는 것이다.

일본의 히라바야시 박사의 동물 실험은 이 실크

아미노산의 알코올 대사작용의 효능을 확인시켜 주었다. 이 실험은 실크 아미노산을 먹인 뒤 에탄올을 투여한 시험군과 에탄올만 투여한 시험군의 혈중 에탄올 농도를 측정했는데, 그 결과 실크 아미노산 투여군의 농도는 2.14±0.21mg/ml로 나타났다. 이것은 실크 아미노산을 먹은 쥐의 혈중 에탄올 농도가 그렇지 않은 쥐의 농도에 비해 26%나 낮게 측정된 것이다.

에탄올의 대사는 간세포에서 탈수효소에 의해 이루어지며, 이 과정에서 아세트 알데히드와 NADH가 발생하게 되는 것이다. 이 NADH가 과잉상태가 되면 에탄올 및 아세트 알데히드의 산화가 저하되어 악취가 나게 되는데, 이때 산화과정을 활발하게 해주는 것이 간 글리코겐이며 글리코겐으로 전환되는 재료가 바로 실크 아미노산의 주요성분인 알라닌이라는 것이다.

그러니까 실크 아미노산의 29%를 차지하는 알라닌은 알코올대사로 생긴 아세트 알데히드와 NADH를 분해하는 과정을 활성화시키는 에너지원 역할을 하게되는 것이다.

04 파킨슨씨병과 노인성 치매의 치유제 티로신

중뇌에서 분비되는 도파민의 부족으로 인해 손발이 떨리거나 몸 동작이 뜻대로 되지 않거나 안면근육이 굳어버리는 등의 증상을 나타내는 질병이 이른바 파킨슨씨병이다.

정상인의 경우에는 자극이나 흥분이 뇌로부터 몸의 각 부분으로 전달되는 과정에서 전달을 촉진하는 물질과 억제하는 물질이 서로 균형상태를 유지하고 있는데, 이에 반해 파킨슨씨병 환자는 전달억제 물질인 도파민이 부족하기 때문에 신경이 지속적으로 흥분상태에 놓이게 되고, 그로 인해 수족이 떨리는 증상이 나타나게 되는 것이다. 파킨슨씨병 환자에게 꼭 필요한 도파민은 티로신에 수산화효소가 작용하여 쌓이는 물질인 도파에 탈탄산효소가 생기는 물질을 말한다. 따라서 티로신은 파킨슨씨병 환자가 반드시 섭취해야 하는 아미노산이다.

가수분해된 실크 아미노산 가운데 6%를 차지하는 티로신은 파킨슨씨병(Parkinson's disease)과 노인성 치매의 예방과 치료에 뛰어난 효능을 발휘한다.

그 뿐만 아니라 이 티로신은 흔히 '노망'이라고 불리우는 노인성 치매의 예방과 치료에도 탁월한 효과가 있다는 것이 의학적으로 입증되었다. 노인성 치매는 환자 자신의 고통에서 끝나지 않고 가족은 물론 주위의 사람들에게까지 큰 고통을 주는 질병이다. 원인도 불분명하고 뚜렷한 치료효과도 기대하지 못하는 현실에서 티로신 함유 식품인 실크 아미노산이 효능이 있다는 소식은 환자와 그 가족들에게 희망을 안겨주는 희소식임에 틀림없다.

또한 파킨슨씨병은 간뇌의 변성, 또는 동맥경화가 변화를 일으켜 생기는 중추신경계의 퇴행성 질환으로 진전마비(振顫痲痺)라고도 한다. 이것은 1817년

영국의 J. 파킨슨이 보고한 것인데, 유전성의 신경소질도 고려되는 질환으로 치매와 함께 치명적인 노인성 질환으로 알려져 있다. 또 이같은 증세는 유행성 뇌염(일본뇌염), 뇌매독, 일산화탄소중독, 망간중독, 윌슨 씨병(病) 등일 경우에도 나타나는데, 이를 파킨슨 증후군이라고 부른다. 이 질병의 발병률은 1,000명 중의 한 명 꼴로 연령이 높을수록 발생빈도가 높으며, 50세 이상에서는 100명 중 한 명 정도의 발병률을 보이고 있다고 한다.

이 질병은 운동장애가 서서히 나타나고 신체의 움직임이 둔해짐과 동시에 근육의 긴장이 빈번해지고, 손가락, 목, 입술 등의 움직임에까지 영향을 미치게 된다. 심지어는 눈을 깜빡거릴 수도 없게 되어 얼굴의 표정이 사라지게 된다. 또한 고개를 숙일 수도 없고 마지막에는 몸을 전혀 움직일 수 없는 상태에 이르게 되는 무서운 질병이다. 이는 모두 자율신경에 이상이 오기 때문인데, 유연(流涎)과 발한이상(發汗異常)이 있으며, 동시에 얼굴에 지방분비가 많아져 광택을 띄게 된다.

05 실크 활용으로 누구나 가능한 피부미인

실크는 예로부터 가장 값비싸고 감촉이 좋은 옷감으로 우리에게 사랑받아 왔다. 입었을 때 가장 착용감이 좋은 이유는 실크의 표면에 무수히 많은 미세한 구멍들이 피부의 수분을 흡수하는 능력이 어느 옷감보다 탁월하기 때문이다. 이 흡습성은 정전기를 방지해 줄 뿐만 아니라 세균의 번식을 막아 주기도 한다.

예로부터 우리 선조들은 입다 헤진 실크 옷을 잘라 때수건으로 사용하기도 하였고, 욕창이 생긴 부위를 실크로 감싸 보호해주기도 하였다. 우리 선조들의 이런 생활의 지혜로 엿보았을 때 실크의 흡습성은 오래 전부터 널리 알려져온 것이라 할 수 있다. 중국에서는 이런 뛰어난 실크의 흡습성에서 기인한 실크의 항균성을 이미 임상실험을 통해 증명하기도 하였다.

이러한 결과로 보았을 때 가수분해된 실크 역시 그럴 것이라는 추론을 하게 된 사람이 일본 생체반응연구소 소장인 이토오 씨였다. 이토오 소장은 임상실험을 거쳐 가수분해된 실크가 알레르기성 피부염과 기타 피부질환에 좋은 식품이라는 것을 확인해 주었다. 또한 이밖에도 실크는 뛰어난 자외선 차단 능력을 지니고 있다. 아랍의 사막지역에서 사는 베두인 족의 여성들이 실크 스카프로 머리를 두르는 전통도 실크의 자외선 차단 능력을 일찍이 경험했기 때문일 것이다.

실크섬유의 자외선 차단 능력이 가수분해된 실크도 지니고 있을 것이라는 가정하에서 히라바야시 박사는 가수분해된 실크를 비롯한 여타 단백질 물질을 각각 콜드크림에 섞은 뒤, 그것들을 실크섬유에 부분적으로 바른 후 일주일간 햇볕에 노출시켜 놓았다.

그 결과 가수분해된 실크를 섞은 실크의 자외선 차단 능력을 인정한 일본 유수의 화장품제조회사 가네보사는 현재 생산중인 화장품의 4분의 1에 해당하는 제품에 가수분해된 실크성분을 섞어 넣기 시작했다.

1990년대 들어 일본의 내츄럴 어번사, 소와에사, 전국양잠농업협동조합연합회 등이 판매중인 실크 함유 에몰리언트 크림, 에센스, 로션, 스킨, 화운데이션, 립스틱, 비누, 샴푸, 린스, 목욕용 물비누, 화장용 솜(퍼프) 등은 일본 여성들의 대단한 호평 속에서 그 매출이 급상승곡선을 그리고 있다고 한다. 가수분해된 실크성분이 피부에 좋은 이유로는 자외선 차단 능력 외에 강한 친수성(親水性)에 기인한 보습 능력을 꼽을 수 있다.

피부가 항상 촉촉하고 보들보들한 상태를 유지하기 위해서는 적절한 양의 수분이 피부 표피에 남아 있어야 한다. 실크 성분은 피부가 필요로하는 수분을 적절하게 유지시켜 주어 항상 촉촉한 피부를 만들어주는 것이다.

또한 실크성분인 아미노산과 올리고펩타이드는 피부의 섬유질을 싹틔우는 세포를 생성시키는 콜라게나제를 활성화시켜 주는 역할도 해 준다. 콜라겐의 대사가 부진해지면 주름이 생기게 되는데, 콜라겐의 대사를 활발하게 해주는 실크 성분은 피부의 노화를 방지해 줄 수 있다.

주근깨와 기미의 원인인 자외선과 거칠거칠한 피부의 원인인 수분 부족 현상, 그리고 주름의 원인인 콜라겐 대사의 부진 등 피부의 세 가지의 적을 물리쳐주는 실크는 피부를 부드럽고 촉촉하게 적셔주어 실크를 사용하는 많은 여성들의 사랑을 받고 있는 것이다.

06 중장년층 성적 에너지 강화

인생을 즐길 수 있는 조건 중에 성적인 능력은 무시할 수 없는 것이다. 옛날에는 주로 50대가 넘어야 나타나는 발기부전증과 같은 성적 장애가 이제는 30~40대부터 나타나고 있는 것이 현실이다. 갖가지의 발기불능 현상의 직접적인 원인으로는 혈관계질환, 약물 남용, 내분비 질환 등 각종 스트레스와 환경적인 요인을 들 수 있다. 그렇다면 현대인에게 커다란 고민을 안겨주는 갖가지의 성적 장애들을 어떻게 극복할 것인가.

특히 혈관계질환에 따른 문제나 알코올 과다섭취

로 인한 발기부전의 경우에는 가수분해된 실크 아미노산이 그 효과를 발휘한다.

발기 현상은 남성의 생식기에 퍼져 있는 수많은 갈래의 모세혈관에 피가 몰려 생식기가 팽창하게 되는 현상이다. 따라서 혈관에서의 피 흐름이 원활하지 못하면 생식기의 모세혈관에 피가 몰려드는 것이 힘들게 된다.

이 때 가수분해된 실크를 섭취하면 혈관 속의 콜레스테롤 농도를 낮춰줌으로서 혈관에서의 피 흐름을 원활하게 해 주는 것이다. 따라서 실크를 먹으면 막힌 관을 뚫는 것처럼 혈관 속을 청소해 혈류(血流)가 활발하게 된다. 그러면 생식기의 모세혈관이 한껏 부풀어오를 수 있게 되는 것이다. 참고로 실크 성분 중 하나인 알라닌은 술을 빨리 깨게 해주는 역할도 한다는 것이 입증되었다.

그리고 남성 호르몬의 한 번의 사정시 보통 2~3cc 정도의 정액을 방출하기 되는데 이 호르몬의 30%가 아미노산으로 이루어진 단백질이며 70%는 수분이다.

한편, 실크와 유사한 성분을 함유하고 있는 숫나방의 정력에 관한 테스트가 이미 1979년 중국 길림성 소재 잠업연구소에서 실시된 적이 있다. 실험 결과 숫나방은 자신의 평균 수명 14일 가운데 절반에 이르는 7일을 암나방과의 교미 시간으로 보낸다는 경이로운 사실이 확인되었다.

옛 의학서적인 「본초강목」이나 「동의보감」을 보면, 숫나방을 원잠아(原潛兒)라고 기록해 놓았다. 이는 교미력이 강하여 효능이 정기(精氣)에 매우 좋아 피로를 몰아내고 양기를 강하게 하며 피오줌을 그치게 하고 신장을 덮게 한다 하였다.

숫나방의 교미력에 대한 실험은 지난 1979년 6월 길림성 잠업연구소에서 이루어졌다. 12마리의 숫나방을 각각 교미하게 한 후 18시간만에 10℃에서 6시간 쉬게 했다. 그리고 또 다시 다른 암나방과 18시간 교배하는 식으로 반복해서 숫나방이 자연사할 때까지 실시하였다.

그 결과 교미횟수는 8~12번으로 평균 9.7번으로 나타났고, 평균 교미시간은 174시간으로 밝혀졌다.

한편, 암나방을 수정하게 하는 횟수는 5~10번으로 평균 8.3번이고, 숫나방의 생존시간은 9일 12시간에서 15일 17시간으로 평균 14일 13시간(349시간)이다. 이 결과로 보았을 때 숫나방은 살아있는 동안 절반의 시간을 교미했다는 사실이 밝혀졌는데, 이는 여느 곤충이나 동물 중 최고라고 한다.

최근 중국에서 누에 숫나방을 이용, 많은 보양액이 개발되고 있다. 그 종류에는 중화신력보(中華神力補), 선아주(仙娥酒), 충초옥액(蟲草玉液), 연생보호액(延生保護液) 등이 있다.

07

다이어트로 인한 결핍과 성장기의 청소년 필수 영양 식품

날씬해지고 싶은 것은 모든 여성들의 한결같은 바람이다. 그러나 무리한 다이어트로 건강을 잃는 사람도 많아지고 있다. 이런 다이어트 열풍은 청소년들에게까지 번져 영양소를 골고루 섭취해야 하는 청소년기에 제대로 된 성장을 하지 못하거나 여러 가지 결핍증에 시달리는 사례도 늘어나고 있다.

다이어트를 하고 있는 여성들과 성장기에 있는 아동 및 청소년들이 반드시 섭취해야 하는 필수 영양소로는 필수 아미노산과 무기질을 꼽을 수 있다.

필수 아미노산과 무기질은 체내에서 자체적으로 생성될 수 없다는 공통점을 지니고 있다. 실크 아미노산에는 8가지의 필수 아미노산을 포함하여 총 18종류의 아미노산이 함유되어 있을 뿐 아니라 모두 7가지의 무기질이 들어 있다고 한다.

가수분해된 실크에 함유되어 있는 필수 아미노산은 발린(valine), 트레오닌(Trhreonine), 이소로이신(Isoleucine), 페닐알라닌(Phenylalanine), 로이신(Leucine), 리신(Lysine), 트립토판(typtophan), 메티오닌(Methionine) 등이 바로 그것이다.

이들은 몸 속에서 자체적으로 합성될 수 없는 아미노산이며, 이들 중 하나라도 부족하면 단백질 구성성분의 결핍으로 인해 단백질의 합성이 불가능해진다. 그렇게 되면 근육, 피부, 혈액, 효소, 호르몬 등의 생성이 불가능하게 된다. 특히 실크에 함유된 필수 아미노산 가운데 트립토판과 리신은 성장에 꼭 필요한 아미노산이다.

우리의 주식인 쌀에는 많은 영양소들이 있지만 부족한 필수 아미노산이 있다. 그것이 트립토판과 리신이다.

또한 메티오닌은 유아와 임산부에게 꼭 필요한 필수 아미노산이다. 유아의 뇌와 망막을 형성하는데 깊은 관계가 있는 물질인 타우린은 아미노산의 일종으로 메티오닌을 원료로 하여 합성된다. 갓난아기는 몸에서 타우린을 합성하는 효소가 제대로 만들어지지 않기 때문에 따로 공급되어야 하는 영양소이다.

따라서 메티오닌이 함유된 실크 아미노산은 유아와 모유를 먹이는 산모에게 꼭 필요한 먹거리이다. 발린의 결핍은 신경장애를 초래하며, 페닐알라닌은

〈표 17〉 일본 동경 농공대 히라바야시 교수 논문

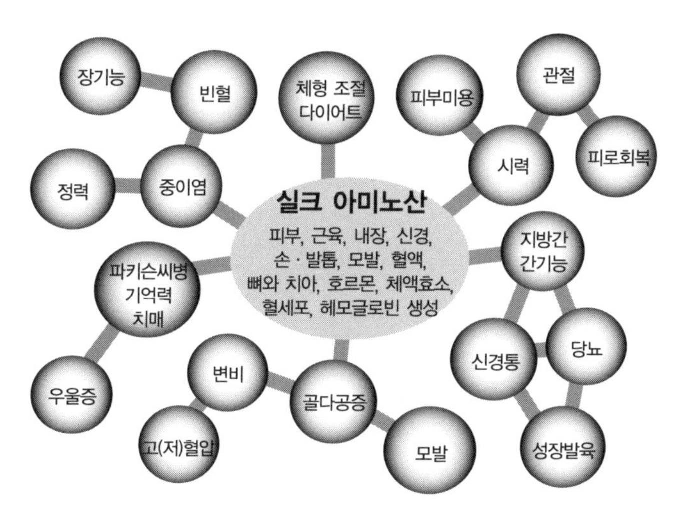

갑상선 호르몬, 모발, 피부의 멜라닌 색소 등의 형성에 영향을 주는 필수 아미노산이다. 또한 트레오닌은 발육을 촉진시키는 작용을 하는 필수 아미노산으로 알려져 있다.

일반 아미노산으로서 실크의 성분 중 하나인 아스파라긴산은 간 기능을 강화해 주고 피로회복을 촉진시켜 주는 역할도 함께 담당한다.

08 기타 퇴행성 관절염, 골다공증, 아토피 피부염 등의 효과

퇴행성 관절염, 골다공증, 아토피 피부염 등의 환자들이 실크 아미노산을 꾸준히 복용한 결과 현저하게 완쾌하고 있다는 체험 사례가 곳곳에서 보고되고 있다. 또 많은 실험을 통에 효능이 입증되고 있다.

부작용 걱정 없이 병을 예방 치유하면서 몸까지 보호해 주는 실크 아미노산이 웰빙 문화가 확산되고 있는 우리 나라 사람들에게 더욱 각광받을 것으로 전망된다.

09 실크 아미노산 섭취 후 나타나는 호전반응 현상

실크 아미노산을 섭취할 때에는 호전반응에 대해 잘 알아야 한다. 실크 아미노산을 섭취하면 호전반응이 반드시 오는데, 호전반응인 줄 모르고 증세가 악화된다고 착각한 나머지 실크의 섭취를 중지하여 치유의 기회를 안타깝게 놓치는 경우가 있다. 호전반응이 심하게 오면 심하게 아픈 병이 낫고 있는 중이며, 호전반응이 두번 오면 2가지 병이 낫고 있다는 증거이다. 또한 호전반응이 오래가면 오래된 고질병이 낫고, 호전반응이 세번 오면 몸에 있는 병들이 모두 낫는 중이다.

이런 증상은 복용 후 빠르면 2~3일 경과 후부터 나타날 수 있는 증상으로 반응이 심할수록 효과가 좋은 것임으로 안심해도 된다. 증상이 견딜 수 없도록 너무 심하면 조금 줄이거나 몇 일 쉬었다가 섭취해 보는 게 좋다. 또한 호전 반응이 늦게 올 경우 15일에서 1개월 지나서 나타날 수도 있다.

이와 같이 호전반응은 아픈 곳을 낫게 하는 기회이므로 호전반응을 잘 활용하여 병이 호전되는 좋은 결과로 이어가야 한다.

〈표 18〉 호전반응 현상

순위	호전반응에 의해 나타나는 증세	반응 이유 및 예방되는 부위
1	머리가 묵직하다	혈관이 막혀있고 중풍에 호전현상
2	머리가 바늘로 꼭꼭 찌르는 것 같다	자율신경이 살아나는 중임
3	머리가 어지러운 어지러움 현상	심장이 좋아지는 중임
4	머리가 화닥거리는 현상	쳐져 있는 혈관이 자리잡아가는 중임
5	가래가 목에 끼는 현상	기관지나 천식이 좋아지는 중임

6	눈이 탁탁 쏘고 눈물이 나는 현상	눈이 좋아지고 백내장 녹내장이 좋아지는 중임
7	콧물이 줄줄 나오거나 코피가 나는 현상	축농증이 좋아지고 있는 중임
8	귀밑이 펄덕펄덕 뛰는 현상	귀가 좋아지고 있는 중임
9	몸둥이로 두들겨 맞은 것같이 온몸이 아픈 현상	당뇨병이 쫓겨가는 중임
10	차멀미 같은 현상	위가 나쁜 사람이 위가 좋아지고 있는 중임
11	설사를 많이 하는 현상	장염이 있는 사람이 장이 좋아지는 중임
12	갑자기 변비가 오는 현상	대장협작증이 있는 사람이 대장이 좋아지는 중임
13	허리가 아프다가 갑자기 반대편 허리가 아픈 현상	좌골 신경통이 나아지는 중임(3~7일간 많이 아픔)
14	목이 아프고 어깨가 아픈 현상, 왼쪽과 오른쪽 번갈아 아픈 현상	목뼈가 교정되는 중임
15	모든 것이 귀찮아지는 현상	심장의 혈관에 때가 낀 사람 혈관이 청소되는 중임
16	옆구리가 갑자기 아픈 현상	등뼈와 갈비뼈가 연결되어 있어 굽은 등이 펴지는 중

17	피를 울컥울컥 토하는 현상	간경화나 간암이 있을 때 목주위에 붉은 반점이 생길 때(간에 면역력이 떨어진 사람)
18	소변에 개구리알 같은 것이 나오며 기름이 뜨고 코풀 같은 것이 나오는 현상	콩팥이 나쁜 사람(콩팥이 나쁘면 심장이 나빠진다)
19	갑자기 입맛이 뚝떨어지는 현상	쓸개가 좋지 않은 사람(기름기 있는 음식은 금물, 소변볼 때 노란 오줌, 아침에는 뿌연 오줌이 안 나오는 사람)
20	잠을 자고 일어나도 계속 잠이 오는 사람	몸이 허약한 사람(보약 또는 영양가 있는 음식을 섭취해야 함)이 좋아지는 중임
21	머리에 비듬이 많이 생기고 부스럼이 생기는 현상	머리에 나쁜 독이 빠지는 중임
22	몸 주위에 진물이 나는 현상	약독이 빠지는 현상
23	가슴이 답답하고 어지러우며 가슴이 두근거리고 얼굴에 열이 나며 가슴 속에 응어리처럼 나타나는 현상	심장이 좋지 않은 분

24	가려운 증세가 나타나는 현상	건성피부나 알레르기성 피부가 좋아지는 현상
25	얼굴과 손, 발 몸 전체가 1~10개월 가량 붓게 되는 현상	콩팥에 이상이 있음
26	위가 쓰리고 따갑고 매스꺼운 현상	위염 또는 위벽이 상처가 있는 경우
27	속이 불편하고 소화기능이 떨어지며 명치 끝에 응어리가 나타나는 현상	위장기능에 장애가 있는 경우
28	혈압에 이상이 생기는 현상	고혈압 환자는 혈압이 일시적으로 올라간다
29	몸의 상처 또는 수술한 자리가 가려운 현상	수술을 하고난 후 신경과 혈관들이 제자리를 찾는 중
30	눈이 시근시근하고 눈물이 나오는 현상	눈이 좋아지는 현상
31	구토증세	간 기능 장애 있는 사람 호전되고 있는 중임
32	소변이 자주 마렵다	신장, 방광에 이상이 있으면 호전되고 있는 중임
33	몸 속에 냄새가 많이 나는 현상	몸 안에 종양이 자라는 중임
34	열이 없이 몸살이 많이 오는 현상	몸 속에 암이 자람

Silk Amino Acid

제4장

실크 아미노산을 먹고 건강 되찾은 체험사례

아토피 피부염이여 안녕!

암담한 교통사고에서 인생을 찾아준 실크

당뇨뿐 아니라 오십견까지 되찾아

당뇨 합병증과 중풍에서 구해준 실크

골다공증과 퇴행성 관절염의 고통에서 정상인으로

신장암에서 제 2의 인생을 열어준 실크

고혈압의 어지러움에서 자유인으로

위궤양 고생은 이제 끝!

관절염 갖고 있는 부인까지 희망을 갖게해 준 실크

위궤양, 당뇨병, 관절염에 실크는 특효

실크 아미노산으로 건강을 되찾았어요!

사람으로 하여금 생명력을 충실하게 하여 주며 위를 튼튼하게 하면 적이 저절로 소멸된다. 더욱이 육식 등의 진미와 색욕을 삼가고 성을 내지 말고 생각을 바르게 하는 것이 만전(萬全)하면서도 무해한 방법이 아닐까 한다.

—동의보감

건강하게 사세요

아토피 피부염이여 안녕!

안녕하세요. 저는 대전에 살고 있는 21살의 대학생 양소희입니다.

저는 태어날 때부터 유전성 아토피가 심한 상태였습니다. 어릴 때부터 한약이니 민간요법, 심지어 스테로이드제까지 좋다는 건 다 해봤지만, 모두 그때뿐인 치료였으며 제게 견디기 힘든 부작용만 남겼습니다.

그러던 중, 아는 오빠의 소개로 실크라는 실크 아미노산 식품을 알게 되었지만 믿음보다는 거부감부터 생겼습니다. 다른 거랑 다를 것이 없을 것이라 생각했었으니까요. 하지만 제가 믿고 따르던 오빠의 권유라 속는 셈치고 먹어보았습니다.

그런데 아미노산을 먹은 지 3일째부터 20년 동안 아토피가 일어났던 모든 부분에 아토피가 다시 올라오는 것이었습니다. 그러나 호전반응이라는 설명을 듣고 한 달만 먹어보자라는 생각으로 계속 복용했습니다. 그러자 2주 후에 놀랍게도 아토피 증상이 사라졌습니다. 그 후에 다시 호전반응이 일어났지만 그 정도는 횟수를 거듭할수록 약해져서 3번째 호전반응은 실크를 먹기 전의 아토피보다 약하게 나와 점점 나아지는 걸 느낄 수 있었습니다.

처음의 거부감은 믿음으로 바뀌었고, 이젠 약을 바르지 않아도 될 정도가 되었습니다. 그로 인해 제 모습도 차차 밝아지고 다른 사람들과 잘 어울릴 수 있게 되었습니다. 이젠 일시적인 치료가 아닌 완전한 치료로 제게 새로운 삶을 찾아 준 것을 믿습니다. 그 모든 정답은 내가 알고 있는 실크니깐요!

양소희
대전 중구 유천 2동 168-17

건강하게 사세요

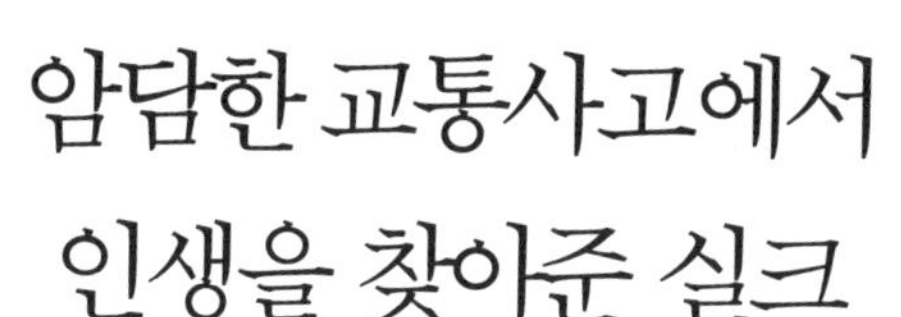

암담한 교통사고에서 인생을 찾아준 실크

저는 수원에 사는 손일운입니다.

2002년 2년 정말 친한 친구로부터 실크 제품을 권유받았을 때 제가 새로운 삶을 살게 될지는 상상도 하지 못했습니다.

저는 농사일에 전념하던 중 경미한 교통사고로 실신 후 정신을 잃어 119 긴급자동차에 실려 수원의 병원에 입원을 하게 되었는데, 그 때 청천병력 같은 소리를 듣게 되었습니다. 당뇨수치는 500을 넘고 간수치는 480, 간경화인 것 같으니 몇 일 두고 보자는 의사 선생님의 말을 들었습니다. 그 때는 이미 후회해도 늦은 때였습니다.

그러던 중 친구의 소개로 실크를 만나게 되었습니다. 반신반의 하며 실크를 먹기 시작했는데, 일주일이 지나자 신기하게도 혈당이 떨어지기 시작하더니 20일이 지나자 의사가 약만 먹어도 된다고 했습니다. 그런데 문제는 신장에 콩알만한 혹이 있다고 했습니다. 그런데 실크를 계속 먹었더니 당뇨 수치는 정상에 가까워지고 콩알만한 혹이 팥알만해 졌다고 했습니다.

지금은 정상인 보다 좋아졌고, 손톱무좀도 다 나았습니다. 저의 몸 구석구석이 실크로 인해 정상으로 되돌아오고 있는 것입니다. 이러한 체험은 느껴본 사람만이 알 것입니다. 지속적인 건강관리와 실크 복용으로 앞으로의 건강은 절대 확신하고 있습니다.

손일운
수원시 권선구 입북동 430-6번지

건강하게 사세요

당뇨뿐 아니라 오십견까지 되찾아

안녕하세요. 부산에 사는 오갑균입니다.

저는 18년 전 개인 사업을 하다 뇌졸중이란 병을 얻게 되었습니다. 그 때 제 나이 35세였습니다.

한의원에서 침을 맞고 병원을 다녔지만 아무런 차도를 얻지 못해 모든 것을 포기하고 살았습니다. 가정도 친구도 친척들도 모두 잃었습니다.

그러던 중 후배로부터 실크 아미노산을 만나게 되었습니다. 처음엔 믿지 못했지만 후배의 끈질긴 권유로 3개월 정도 섭취를 하였는데, 변화되어 가는 제 모습을 느낄 수 있었습니다.

민둥산이던 머리에 머리카락이 나고, 마음도 긍정적으로 변했습니다. 믿음을 갖고 4개월에서 6개월 정도 섭취를 하니까 당뇨수치와 오십견이 호전되었고, 위궤양과 신경통, 만성피로와 습진까지도 좋아졌습니다.

지금은 20년은 젊어진 듯한 기분으로 가정도 찾고 친구와 친척들에게도 자신있게 실크를 전달하고 다닙니다.

저같이 건강으로 고통 받고 계신 분들도 실크 아미노산으로 건강한 삶을 되찾으시길 바랍니다.

오갑균

부산직할시 진구 부전동 142-11

건강하게 사세요

당뇨 합병증과 중풍에서 구해 준 실크

안녕하십니까. 저는 대전직할시에 살고 있는 72세의 이용원이라고 합니다.

저는 22년 간 당뇨를 앓아오다가 당뇨 합병증으로 3번이나 중풍으로 쓰러져 언어 장애와 함께 손과 발에 마비가 오고 눈까지 어두워져 하루하루를 고통 속에서 살고 있었습니다.

그러던 중 어느 날, 어느 아주머니가 다가와 실크를 전해 주었습니다. 그 분이 저를 고통 속에서 구해 준 은인 같은 분입니다.

저는 이것이 기회라고 생각했습니다. 처음에는 호

전반응이 심하여 죽을 만큼 힘들었지만, 그 고비를 넘기니 믿지 못할 일이 일어나고 있습니다. 혈당이 지금은 150대로 떨어졌고, 거칠고 딱딱했던 손과 발에 땀이 나고 부드러워졌습니다. 그리고 이젠 말도 잘 하고 걷는 것도 한결 편해졌습니다. 정말 구름 위를 떠다니는 것 같습니다.

저는 앞으로도 실크를 계속 복용하여 나를 고통 속에 살게 했던 당뇨를 꼭 치료하여 저와 같이 고통을 당하는 여러 분들에게 증거가 되고 싶습니다. 당신도 나을 수 있다는 희망을 전하겠습니다.

이용원
대전직할시 서구 도마 2동

건강하게 사세요

골다공증과 퇴행성 관절염의 고통에서 정상인으로

저는 경기도 양주시에서 대동주유소를 경영하고 있는 김정순입니다.

60이 넘으면서부터 다리가 무겁고 무릎도 아프며 손가락도 아파왔습니다. 그래서 병원에서 진찰을 받은 결과 골다공증과 함께 중증의 퇴행성 관절염이라는 진단을 받았습니다. 1년간 치료를 받았으나 큰 변화는 없었습니다.

2003년 2월에 캐나다로 이민 갔던 사위가 일시 귀국했다가 장인 장모 드시라면서 8종짜리 실크골드 두 각을 선물했습니다. 다른 약들에 지친 상태이고 1

년간의 병원치료에도 큰 효험을 못 보던 때라 실크를 복용하기 시작하였습니다.

얼마 동안의 힘든 날이 지나더니 다리가 가벼워지고 시큰거리던 무릎이 편해졌습니다. 18종의 천연 아미노산이 닳아버린 무릎 연골을 재생시키는데 걸리는 시간이 6개월에서 1년이라는 사실을 나중에 알게 되었는데, 남편 것까지 계속 복용한 것이 얼마나 다행이었는지 모릅니다. 제 것만 먹고 중단했다면 지금의 새 날은 없었을 겁니다.

이제 제가 실크 효험에 보답하는 길은 실크를 널리 알리는 일 뿐이라고 생각합니다. 언제든지 전화주시면 기쁜 마음으로 실크를 안내해 드리겠습니다. 그리고 꼭 실크는 6개월 이상 복용하셔야 한다는 걸 말씀드리고 싶습니다.

김정순
경기도 양주시 남면 한산2리

건강하게 사세요

신장암에서 제 2의 인생을 열어준 실크

"인생은 60부터" 60에 시한부 선고를 받고 또 60에 새 생명을 얻은 저로서는 이 말이 마치 저를 위해 만들어진 것 같아 정겹게만 들립니다. 평생 감기 한 번 걸린 적이 없어 새벽부터 밤늦도록 일을 해도 강철 같은 육신을 물려주신 부모님 덕에 항상 감사하는 삶을 살아 왔습니다.

그런데 이게 웬일입니까? 육순을 보내고 있을 때쯤 갑자기 체중이 급격히 줄어들고, 피로를 너무 쉽게 느끼고, 머리만 대면 졸고, 심지어는 소변에 피가 섞여 나오기 시작했습니다. 형님에게 달려가 진맥도

해보고 한약도 달여 먹었으나 전혀 나아지지 않고 증세는 더욱 심해졌습니다.

정밀검사를 해 본 결과 신장암이라는 청천병력 같은 선고를 받았습니다. 노쇠한 60의 몸은 복잡한 검사와 힘겨운 항암치료와 대수술로 만신창이가 되어갔습니다.

그러던 어느 날, 서울에서 모 대학의 컴퓨터 강사를 하고 있던 셋째 딸이 실크라는 것을 가지고 와 한 번 드셔보라는 것이었습니다. 딸의 정성이 갸륵해서 실크를 먹기 시작했습니다.

그런데 3개월 가까이 되었을 때부터 몸이 조금씩 가벼워지는 것 같더니 소변보는 것이 달라지기 시작하는 것이었습니다. 무엇보다 잠을 잘 자고 입맛도 서서히 살아나는 것 같고 수술시 잘라낸 갈비뼈 때문에 항상 착용하고 다니던 보호대가 거추장스러워지기 시작했습니다.

또 항암치료로 다 빠져버린 머리에서 솜털 같은 머리카락이 까맣게 자랐습니다. 병원을 다시 찾아 검진을 받았더니 담당의사는 갸우뚱한 표정으로 병이 다 나았다고 너스레를 떨었습니다.

이제는 밥 먹는 것은 잊더라도 절대 실크는 빠뜨리지 않고, 매일 아침 운동을 겸해서 먼 거리에 있는 직장까지 걸어서 출근하고 젊은 사람 보다 먼저 걸레를 잡고 청소를 합니다. 실크로 인해 새로운 인생을 찾았고 다시 젊어진 저를 보고 모두들 놀라워합니다.

저는 그들에게 이렇게 말합니다.

"그냥 믿었을 뿐이야. 내게 내 딸이 나쁜 걸 줄 이유는 없잖은가. 내가 내 딸을 믿고 그냥 먹기 시작했듯이 자네도 날 믿고 한 번 들어보게. 잘 못 되면 내가 책임지지. 산증인이 여기 있지 않은가. 믿는 자에게 복이 있다지 않아. 자아~"

최병천
충북 제천

고혈압의 어지러움에서 자유인으로

저는 대전에서 식당을 경영하고 있는 50대의 평범한 아줌마 유옥희입니다. 저는 예전에 2층에서 떨어진 후유증으로 무릎관절이 너무 아파 쪼그려 앉았다가 일어나려면 벽을 잡고 몇 분을 진땀을 빼야 했습니다. 또한 고혈압으로 조금만 신경쓰면 속이 울렁거리고 어지러워서 계속 약을 달고 살아야 했습니다.

실크 제품은 건강관리사를 하고 있는 제 딸의 권유로 만나게 되었습니다. 먹은 지 한 달이 되자 안 아픈 데가 없었습니다. 그래서 딸에게 안 먹는다며 화를 내기도 했습니다. 나중에서야 그게 호전반응이란 걸 알았습니다. 그 시기가 지나고 나자 놀랄만큼 몸이 좋아졌습니다. 혈압약을 먹지 않아도 혈압이 정상이 되었고, 머리도 아프지 않았습니다. 아무튼 기가 막히다는 말 밖에는 할 말이 없습니다.

이젠 제 입에서 실크란 얘기가 떠나질 않습니다. 식당에 오시는 손님도 아픈 분이 계시면 계속 말씀을 드리구요. 앞으로 실크를 전하는 알리미가 되어 저처럼 아픈 사람들에게 새 희망을 주고 싶습니다.

유옥희
대전 중구 유천 2동 198-8 투거리 식당

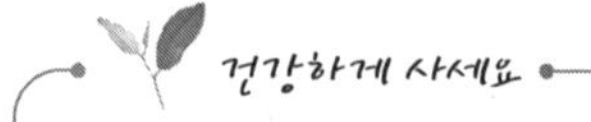

위궤양 고생은 이제 끝!

저는 위궤양이란 질환으로 35년 가까이 엄청나게 고생해 왔습니다. 잘 먹지도 못하고 음식도 많이 가려 먹어 아주 말랐습니다. 남들한테 보이기 싫을 정도였습니다.

저 나름대로 대학병원이나 한의원에도 다 다녀보았지만 낫질 않았습니다. 저는 거의 포기상태로 지내던 중 2002년 2월에 실크 아미노산을 접하게 되었습니다.

하루에 3회 두알씩 복용 후 1주일쯤 되었을 때 속이 더부룩하고 메스껍더니 3일 정도 지나니까 소화가 잘 되기 시작했습니다. 53kg이던 몸무게가 지금은 65kg이 되었습니다. 저는 지금 정말로 실크 아미노산의 매니아가 되었답니다.

하준택

서울 영등포동 1가 29번지

건강하게 사세요

관절염 갖고 있는 부인까지 희망을 갖게해 준 실크

저는 1996년까지 직장생활을 하다가 갑작스럽게 급성 십이지장 궤양의 발병으로 수술을 하게 되었습니다. 그러나 수술을 받고 나서도 후유증이 남아 회사를 다닐 수 없을 지경이 되었습니다. 결국 회사를 사직하고 5년 동안 철물점을 운영하였습니다.

그 후, 철물점을 정리하고 나서 우연히 정판익 씨의 안내로 2002년 3월부터 실크를 복용하기 시작했습니다. 실크는 저에게 다시금 새로운 삶을 살 수 있는 희망을 안겨주었습니다. 점점 나도 모르는 사이에 건강이 좋아지고, 어느샌가 젊음을 되찾은 듯 활기차고 긍정적인 사람으로 변화되었고, 병원이라는 삭막한 이름을 잊고 살게 해주었습니다.

저의 부인도 관절염으로 고생했는데, 억지로 실크를 먹여 지금은 이층에 있는 집도 수월하게 오르고 내린답니다.

우리 모두 실크 드시고 활기차고 건강한 모습으로 생활합시다.

박영윤
경기도 수원

위궤양, 당뇨병, 관절염에 실크는 특효

저는 어느 날 후배로부터 실크에 대한 정보를 듣기 전까지 아주 심한 위궤양을 앓고 있었습니다. 음식만 먹으면 신물이 넘어오고, 밀가루 음식을 먹은 날에는 밤새도록 괴로운 시간을 보내야만 했습니다.

1년 동안 약을 먹었는데, 별 차도가 없었습니다. 하지만 실크를 먹은 지 한 달쯤 후부터 저에게 변화가 찾아왔습니다. 속이 편해지고 속쓰림과 신물 넘어오는 증상이 없어졌습니다. 가족은 물론 저를 아는 모든 분들이 놀라워했습니다.

당뇨병을 앓고 계시는 저희 아버지께도 실크를 전

해드렸습니다. 그런데 실크의 효능에 대해 믿지 않으셔서 포기했다가 당뇨 수치가 500 가까이 올라가서 다시 권유를 해드렸습니다. 규칙적인 식생활과 운동, 그리고 하루에 물을 8컵 이상 마시라는 당부와 함께 실크를 드렸습니다. 그 이후 6개월 정도의 시간이 흐른 지금 저희 아버지의 당뇨 수치가 정상으로 돌아왔습니다.

또 관절염으로 고생하시는 어머님께도 실크를 드렸더니 3개월 후에 통증이 사라지면서 지금은 아주 편안해지셨습니다.

하늘이 내려주신 21세기 신물질 "실크"로 우리 가족은 건강하고 행복한 삶을 살게 되었습니다. 이제 고통받는 많은 이들에게 실크를 전달해서 행복과 건강의 알리미가 되겠습니다.

서석민
경기도 안산시 선부동 1078 주공아파트 1124-403

현대인은 컴퓨터 인터넷을 통해 정보 홍수 시대에 살고 있습니다. 건강 역시 성인병 예방을 위한 전문가들의 조언과 제시가 시중에 인터넷과 매스컴을 통해 여기 저기 발표되고 있습니다.

그런데도 건강을 지켜나가는 사람과 건강을 잃는 양 분류의 사람이 뚜렷이 구분되는데, 그 이유는 건강을 지키기 위한 일반적 상식을 알고 대처하는 사람과 건강에 대한 일반적 상식을 알고 있되, 대처를 전혀 하지 않은 차이라고 이야기 할 수 있습니다.

그래서 인간은 인간의 기본적 욕구, 즉 행복하고 오래 살고 싶어하는 열망으로 건강에 대한 신물질의 개발이 앞으로도 끊임없이 개발되리라 봅니다.

그렇다면 여러분! 여러분은 건강하고 행복하게 삶을 살고 싶습니까? 그러면 건강을 유지 시켜주는 이 시대 가장 탁월한 건강 보조 식품이 무엇인지를 정확히 발견하십시오. 그리고 섭취하십시오. 그것만이 건강을 지키는 최소한의 시간 절약 투자라 생각합니다.

실크 아미노산이 인간의 생명 연장을 가져온다는 정보가 우리나라에서는 신종 건강 보조 식품으로 아직 생소하게 느껴질지 모르지만, 가까운 일본은 이미 5년 전 대중들의 건강 보조식품의 대표로 확실히 자리 잡고 생명연장의 상품으로 진행되고 있습니다. 그러므로 필자는 현재까지 인간의 생명연장을 보조해 주는 건강 보조 식품으로 실크 아미노산 이상 버금가는 상품이 과연 몇 개나 있을까 의심스럽습니다.

그리고 저 또한 실크의 복용으로 건강을 회복한 경험이 있어서 좀더 많은 사람들에게 알려 관심을 갖게 하는 것이 사회적 책무를 다 하는 것이라 생각해 일반인들의 접근과 이해하기 어려운 실크 관련 논문과 또 실크를 실제 복용한 후 체험한 사례를 중심으로 알기 쉽게 정리하였습니다.

비록 이 책이 아니더라도 건강을 회복하고 예방하는 방법이 있겠지만, 21세기 실크의 신물질을 절대 소홀히 해선 아니될 듯 싶어 실제 복용 후 건강을 회복한 체험 위주로 집필하였습니다.

그러므로 이 시대 최고의 건강 신물질인 실크 아

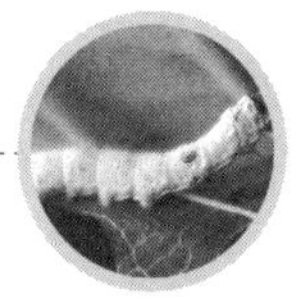

미노산에 대한 새로운 정보를 좀더 관심 갖고 접근 한다면 우리가 바라는 건강을 좀더 수월하게 대처되고 예방해 원하는 삶을 이루어 행복으로 갈 것이라 확신합니다.

2004년 4월 16일

저자 윤철경

참고 문헌

동의보감, 구본홍 역(민중서각)

본초강목, 이경락 역

한국의 곤충, 남상호

한약학, 한약연구소위원회(삼광인쇄사)

현대인의 건강, 이완주 외(대한 잠사회)

잠삼 산물의 고부가 가치 용도 개발, 이완주

뽕잎 누에 실크 건강법, 이완주 · 이용우 · 김선여(서원)

입고 먹고 바르고 마시는 실크 건강법, 이용우 · 이광길 (중앙생활사)

중앙일보사 신문자료

신의 선물 실크 아미노산 건강법(녹원문화)

외국서적

蠶桑綜合利用, 中國農業科學出版社, 1986

桑の文化誌, 日鄉土出版社, 1986

絹の魅力, 金澤昭三郎 · 川村一男, (株)國書刊行會, 1987

蠶桑利用與人生, 陳運造, 臺灣省政府農林廳蠶業改良場, 1989

シルク效果で絹美人になる, 七島幸子, 德間書店, 1986

絹利用の多目的展開, 平林潔 · 秋山大二郎 · 陳開利, 蠶絲科學と技術32(12), 1993

絹Fibroinを利用した商品開發, 中山博, 纖維と工業, 1989